Alles für die Kleinen

Alles für die Kleinen

Anziehsachen und modische Geschenke zum Selbermachen für Babys und Kleinkinder

Von Gundi Heine und Jutta Barthel

Ein Brigitte-Buch
im Mosaik Verlag

Gundi Heine ist zuständig für die Mode im BRIGITTE-Kinderladen. Sie studierte an den Werkkunstschulen Kassel, Bielefeld und Wuppertal und machte ihre ersten Entwurfserfahrungen als Stoff-Designerin in Paris.

Jutta Barthel ist Redakteurin im Moderessort der BRIGITTE und verantwortlich für die Texte. Sie studierte Mode-Design an der Fachhochschule Hamburg und ist Meisterin im Schneiderhandwerk.

Modellentwürfe und Zeichnungen:
Gundi Heine; Modellausführung: Vanli
Technische Zeichnungen und Schnittbogen:
Helga Aßhauer
Strickentwürfe: Gundi Heine (6);
Kirsten Fedderke (3); Edelgard Lutze (1)
Strickanleitungen: Edelgard Lutze
Geschenk-Ideen: Gundi Heine (4);
Traute Scardovelli (4); Edelgard Lutze (1);
Angelika Crenshaw (1)
Fotos:
F. P. Wartenberg (23 und Titelfoto)
Lars Matzen (5)
Rolf Paustian (4)
Carsten Senger (5)
Ilse Thoma (3)
Christian Dahl (2)
Kahlbrandt + Kahlbrandt (2)
Hannelore Hopp (1)
Achim Liebold (1)
Rudolph Maria Nüttgens (1)
Klaus Thumser (1)

Herausgeberin: Anne Volk
Lektorat: Marita Heinz
Gestaltung: Dietmar Meyer, Karen Kollmetz,
Büro für Gestaltung, Hamburg
DTP: Karen Kollmetz
Produktion: Bernd Bartmann, Druckzentrale
Gruner + Jahr AG & Co, Hamburg
Lithographie:
Bütehorn Satz + Repro, Hannover
Druck: Mohndruck, Gütersloh

54321 – Printed in Germany
ISBN 3 – 576 – 10424 – 0

Vorwort

Kaum heißt es in der Familie „Nachwuchs in Sicht“ – schon haben alle zukünftigen Mütter, Großmütter und Tanten Lust, irgend etwas Niedliches zu nähen, sticken oder strikken! Am liebsten kleine Jäckchen und Hosen, Mützen und Schühchen oder andere Sachen, die man zur Geburt und in der darauffolgenden Zeit verschenken kann. Die sehen hübsch aus, machen nicht viel Arbeit und kommen bestimmt gut an: In keinem Alter wird so rasch hintereinander soviel Kleidung verbraucht wie in den Babyjahren!

Das Buch beginnt mit den beliebten „Erstlings-Garnituren“ in sommerlicher oder warmer Ausführung, komplett von der Mütze bis zu den Schühchen und in verschiedenen Größen. Nicht zu vergessen: Taufanzug oder -kleid. Danach kommen praktische Jacken und Hosen, aber auch süße Kleider für die ersten Steh- und Laufversuche, bequeme Overalls für Krabbelkinder und eine Grundgarderobe für Dreijährige. Sie können bunte Pullover, Mützen, Jacken und Socken stricken oder originelle Kleinigkeiten nähen: nützliche Lätzchen, eine fröhliche Strampeldecke oder lustiges Spielzeug. Manches ist schnell fertig, für anderes brauchen Sie etwas mehr Zeit. Aber das ist ja auch das Schöne daran: Sie können die ganze Liebe für den neuen Erdenbürger „hineinarbeiten“. Viel Spaß dabei!

Inhalt

Gr. 50 - 68

Schön für die ersten Monate

Gr. 74 - 86

Richtig für die ersten Schritte

Gr. 92 - 104

Praktisch für Kleinkinder

Zum Nähen, Stricken und Sticken

Die schönsten Geschenk-Ideen

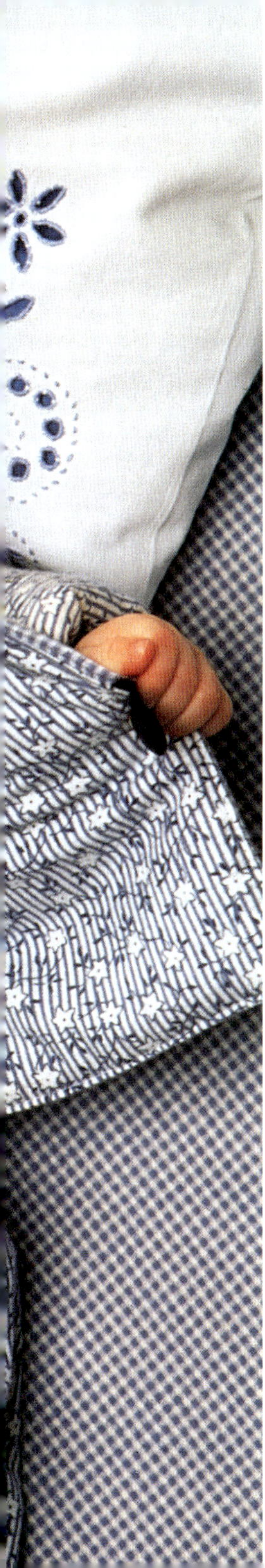

Größe 50 bis 68

Schön für die ersten Monate

Hier ist alles, was Neugeborene zum Anziehen brauchen: von der warm wattierten Ausfahrgarnitur bis zum praktischen Strampelkleid, vom festlichen Taufanzug bis zum weichen Strickpullover. Passend dazu gibt es Mützen, Schühchen, Lätzchen oder Kragen – denn auch in diesem zarten Alter spielen Accessoires schon eine ganz wichtige Rolle!

Die erste Garnitur

Größe 56

Kaum auf der Welt geht's gleich nach draußen: Auf dem Weg von der Klinik nach Hause oder auf der ersten Spazierfahrt braucht das Baby mollig-warme Sachen. Nicht nur Jacke und Hose, sondern auch Mütze und Schühchen! Alles nach supereinfachen Schnitten. Für die kühle Jahreszeit eignen sich Baumwollflanell oder Waschwolle.

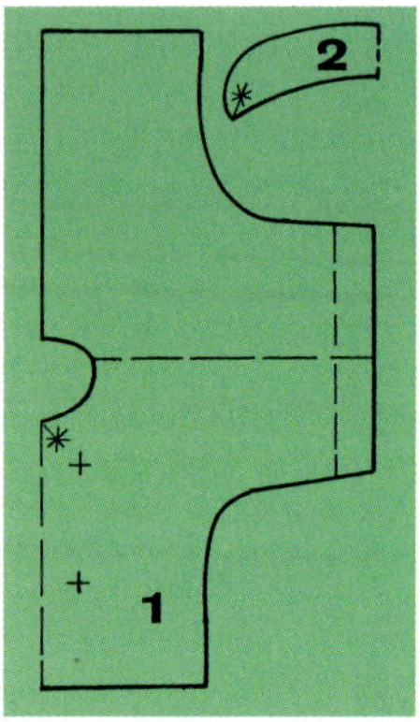

Die Jacke besteht aus zwei Stofflagen, außen kariert und innen geblümt oder in einem anderen, niedlichen Mustermix. Sie kann gewendet werden und ist mit einer watteweichen, federleichten Einlage wattiert (nur Hochsommerbabys können darauf verzichten).

Das brauchen Sie: 0,75 m karierten und geblümten Baumwollstoff, 90 cm breit; 0,65 m Volumenvlies, 90 cm breit, 0,70 m Schrägband, 3 cm breit; 4 Knöpfe, 18 mm Ø.

Schnitteile
Fig. 1 Vorder- u. Rückenteil
Fig. 2 Kragen
+<>+<>+<>+<>+<>+<
Schnittlinie schwarz/Bogen A

So wird's gemacht: Jackenteile und Kragen aus beiden Stoffen und dem Vlies mit 1 cm Nahtzugabe zuschneiden. Das Vlies unter den Oberstoff heften. Kragenteile an den Außenkanten rechts auf rechts zusammennähen, wenden und knappkantig absteppen. Seiten- und Ärmelnähte schließen. Die Nahtzugaben an der Achselrundung einknipsen. Zweimal 6 cm vom Schrägband abschneiden, auf 0,7 cm Breite verstürzen und als Schlaufen zeichengemäß auf die linke Vorderkante stecken. Jackenteile rechts auf rechts legen, den Kragen in den Halsausschnitt stecken und die Jacke rundherum verstürzen – am Rückenteil beginnen und ca. 10 cm zum Wenden offen lassen. Wenden und schmal absteppen. Die Ärmelkanten mit Schrägband einfassen. Die Knöpfe zeichengemäß – zwei innen, zwei außen – annähen.

In diesen hübschen Sachen sind Neugeborene gut aufgehoben: Alles ist warm wattiert und kuschelweich!

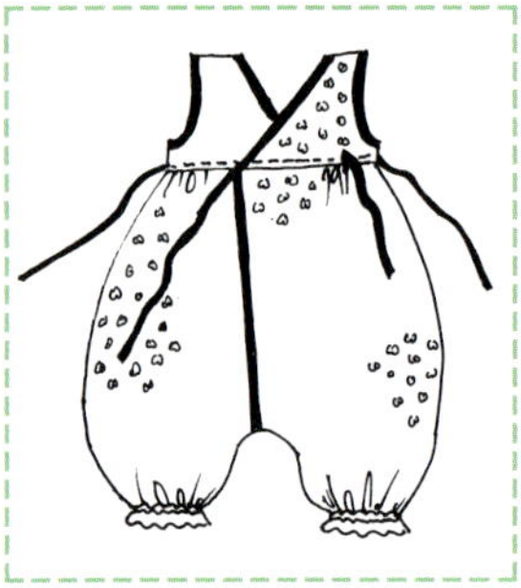

Dieser praktische Overall wird hinten gewickelt.

Der Overall ist ärmellos, hat eine gerade Passe, wird im Rücken übereinander gewickelt und seitlich mit Schrägband gebunden.

Das brauchen Sie: 0,90 m Blümchenstoff, 90 cm breit; 3 m Schrägband, 3 cm breit; 40 cm Gummiband, 0,5 cm breit.

Schnitteile
Fig. 3 vord. Passe
Fig. 4 rückw. Passe
Fig. 5 Vorder- u. Rückenteil
Schnittlinie schwarz /Bogen A

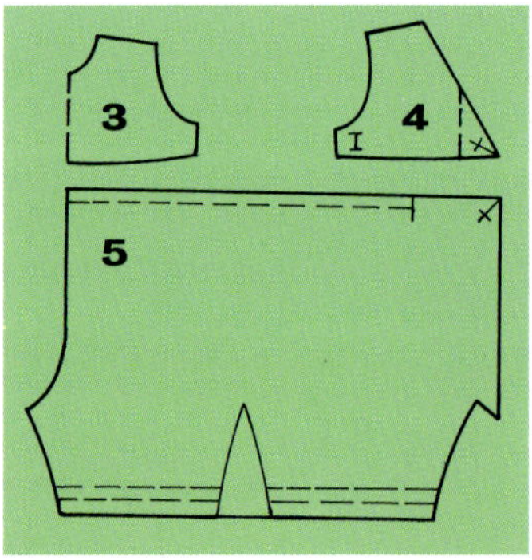

So wird's gemacht: Alle Teile mit 1 cm Nahtzugabe zuschneiden. Schulter- und Seitennähte der Passe schließen, Halsausschnitt- und Armausschnittkanten mit Schrägband einfassen, dabei an den rückwärtigen Enden je ca. 35 cm zum Binden überstehen lassen. Die hinteren Kanten der Hose mit Schrägband einfassen. Die obere Kante der Hose einkräuseln. Hosenteile an die Passe steppen, von rechts knappkantig absteppen. Ca. 70 cm Schrägband verstürzen und von der vorderen Mitte ausgehend je ca. 6 cm lang direkt auf die Passenansatznaht steppen. In die rechte Seite ein Knopfloch nähen, durch das das Bindeband von hinten nach vorn gezogen wird. Die Abnäher schließen, die Hosenbeine 2 cm breit umkippen, 1 cm von der Kante entfernt einen 0,7 cm breiten Tunnel steppen. Je

18 cm Gummiband einziehen. Die hinteren Kanten der Hose 6 cm breit übereinanderlegen, danach die Schrittnaht schließen, Gummiband und hintere Kanten dabei mitfassen.

Die Schühchen sind an den Fersen offen. Die verlängerte Schuhsohle wird wie eine Lasche erst nach dem Anziehen nach vorn gebunden.

Das brauchen Sie: 0,20 m geblümten und karierten Stoff und Volumenvlies, 90 cm breit; 2,50 m Schrägband, 3 cm breit.

Schnitteile
Fig. 6 Fußteil
Fig. 7 Schuhsohle

Schnittlinie schwarz/Bogen A

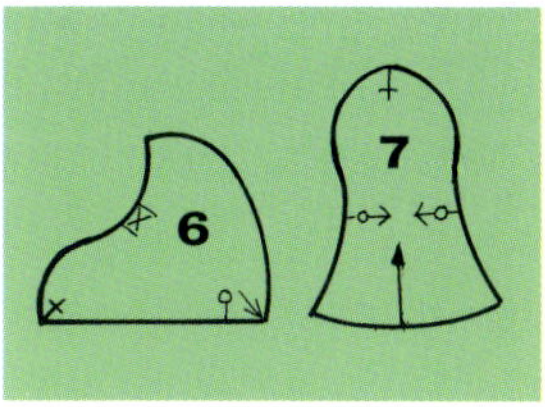

So wird's gemacht: Das Fußteil je viermal aus beiden Stoffen und dem Vlies mit 1 cm Nahtzugabe zuschneiden. Schuhsohlen je zweimal aus beiden Stoffen und dem Vlies mit 1 cm Nahtzugabe zuschneiden. Mittelnaht in den Fußteilen schließen, eine kleine Schlaufe aus Schrägband zeichengemäß zwischenfassen. Vlies zwischen die Stoffe legen, auch bei den Schuhsohlen. Die runden Außenkanten der Fußteile mit Schrägband einfassen. Fußteile auf die Schuhsohlen stecken und rundherum feststeppen. Dabei die Außenkanten zeichengemäß bis zur Mitte der Schuhsohle führen. Danach die Schühchen an den seitlichen Kanten mit Schrägband einfassen. Zum Schluß die Fersenkappe mit Schrägband einfassen. Dabei an beiden Seiten je 20 cm als Bindeband überstehen lassen.

Die Mütze ist besonders einfach: Sie wird aus einem Stoffkreis und einem Stück fertig gekauftem Rippenbündchen genäht.

Das brauchen Sie: 0,25 m Stoff, 90 cm breit; 40 cm Rippenbündchen, mindestens 10 cm breit.

ohne Schnitt

So wird's gemacht: Einen Kreis von 24 cm Durchmesser (inklusive Nahtzugabe) zuschneiden. An der Außenkante einkräuseln. Das Bündchen aus Rippenstrick ca. 36 cm lang (je nach Kopfgröße des Babys) und 8 cm breit (inklusive Nahtzugaben) zuschneiden, Naht schließen. Bündchen in den Bruch legen und rechts auf rechts an den Mützenkreis steppen. Nahtzugaben mit Zickzackstichen versäubern.

Spitzenmäßig für die Taufe

Größe 68

Ein Overall ganz in Weiß ist mal was anderes als das übliche Taufkleid (obwohl auch das sehr niedlich sein kann, siehe Seite 138). Blickfang sind die üppigen Rüschen aus breiter Stickereispitze, die unter der Passe und an den Hosenbeinen sitzen.

→ Tip: Sie können statt des Hosenteils natürlich auch einfach einen Rock an die Passe setzen!

Der Spitzenoverall hat Raglanärmel und wird im Rücken geknöpft.

Das brauchen Sie : 1,30 m feinen Baumwollstoff, 90 cm breit; 5 kleine Perlmuttknöpfe oder Drucker zum Einstanzen; 0,70 m schmales Gummiband; 2,20 m Stickereispitze, 8 cm breit; 1,50 m Festonspitze, 10 cm breit und 0,60 m Festonspitze, 2,5 cm breit.

Schnitteile

Fig. 8 vord. Passe
Fig. 9 rückw. Passe
Fig. 10 Hosenteil
Fig. 11 Ärmel

Schnittlinie schwarz/Bogen A

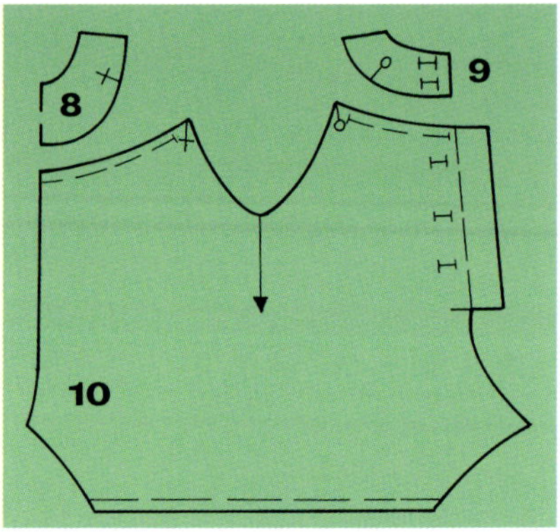

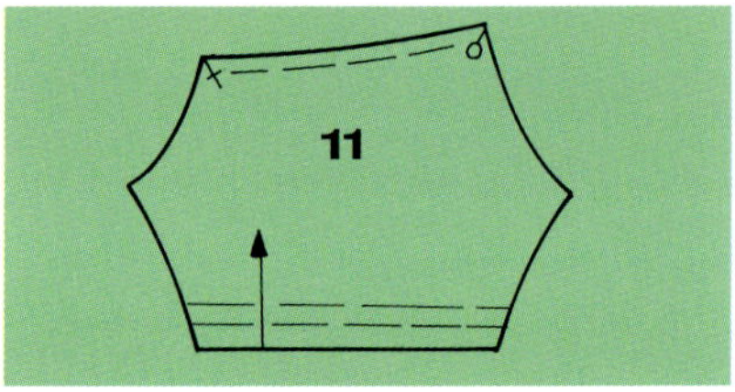

So wird's gemacht: Alle Teile mit 1 cm Nahtzugabe zuschneiden. Die Passenteile zweifach zuschneiden. Für die Tunnel an Hosenbeinen und Ärmeln einen Streifen von insgesamt 1,30 m x 3,5 cm im geraden Fadenlauf zuschneiden. Die Schulternähte an den Passenteilen schließen, die Passen am Halsausschnitt verstürzen, wenden und knappkantig absteppen. Die rückwärtigen Belege am Hosenteil umbügeln, die Schrittnaht zeichengemäß schließen. Zwei Streifen Stickereispitze, je 140 cm lang und 8 und 10 cm breit, einkräuseln, rechts auf rechts an die äußere Passe heften

Ein richtiger Festtagsanzug mit Rüschen und Spitzen – ganz einfach zu nähen aus weißem Baumwollstoff.

und festnähen. Die Ärmelnähte schließen, Ärmel an die Hosenteile steppen. Die oberen Kanten einkräuseln und links auf links an die innere Passe steppen. Die Nahtzugaben der äußeren Passe nach innen bügeln und von rechts knappkantig auf die Hose steppen. Die Belege in der rückwärtigen Passe umbügeln, schmal absteppen, Knopflöcher einarbeiten und Knöpfe annähen (oder Drucker einstanzen). Die schmale Festonspitze an die Ärmel nähen, Ärmel säumen. Die Tunnelstreifen an beiden Seiten umbügeln und in die Ärmel steppen. Die breite Stickereispitze so an die Hosenbeinkanten steppen, daß ein Tunnel entsteht. Arm- und Beinweite beim Baby messen und entsprechend lang das Gummiband in Ärmeltunnel und Hosenbeintunnel einziehen. Die innere Hosenbeinnaht schließen, dabei auch das Gummiband befestigen. Die Spitzenrüsche am rückwärtigen Beleg mit der Hand durch ein paar feine Stiche festhalten.

Die Mütze ist mit Molton gefüttert und hat unter dem spitzenbesetzten Rand eine Blende aus Rippenjersey, damit sie gut am Köpfchen anliegt.

Das brauchen Sie: 0,40 m weißen Satin, 90 cm breit und 0,40 m Molton, 90 cm breit; 18 cm Rippenjersey, 6 cm breit; 60 cm schmale Spitze; Hutgummi.

Schnitteil
Fig. 12 Mütze

Schnittlinie schwarz/Bogen A

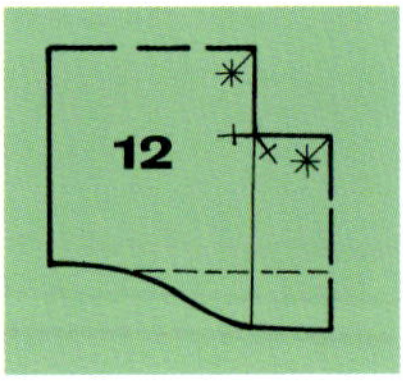

So wird's gemacht: Den Mützenschnitt an der im Schnitt eingezeichneten Trennungslinie durchschneiden, die Teile aus Satin und Molton mit 1 cm Nahtzugabe zuschneiden. Für die Rüsche einen 60 cm langen und 4 cm breiten Streifen und für das Bindeband einen 110 cm langen und 3 cm breiten Schrägstreifen aus dem Satin zuschneiden. Die Spitze an den Rüschenstreifen nähen, Streifen einkräuseln, das Bündchen aus Rippenjersey in den Bruch legen und die Rüsche darauf heften. Die seitlichen Nähte und die hintere Quernaht in beiden Mützenteilen schließen. Die vorderen Mützenkanten miteinander verstürzen, dabei Bündchen und Rüsche mitfassen. Die beiden Mützenteile ineinanderstecken und an der unteren Kante mit dem Schrägband 1 cm breit einfassen, die Bandenden zum Binden überstehen lassen. An der Quernaht am Hinterkopf und im Nacken (gestrichelte Linie im Schnitt) Hutgummi einziehen.

Das ideale Strampelkleid

ab Größe 50

Babys haben es gern warm und bequem. Dieses praktische Stück vereint alles, was dazu gehört: Am Anfang ist es eher ein Schlafsack – und das einfachste Outfit für den Weg von der Klinik nach Hause. Später, wenn die aktive Beinarbeit beginnt, ist es ein niedlicher Strampelsack. Und da es obenherum wie ein Kleid geschnitten ist, heißt es ganz einfach „Strampelkleid". Mit einem Rüschenkragen wie auf dem Foto sieht das Kleid richtig festlich aus. Weil genug Platz über dem Saum ist, wächst es lange mit.

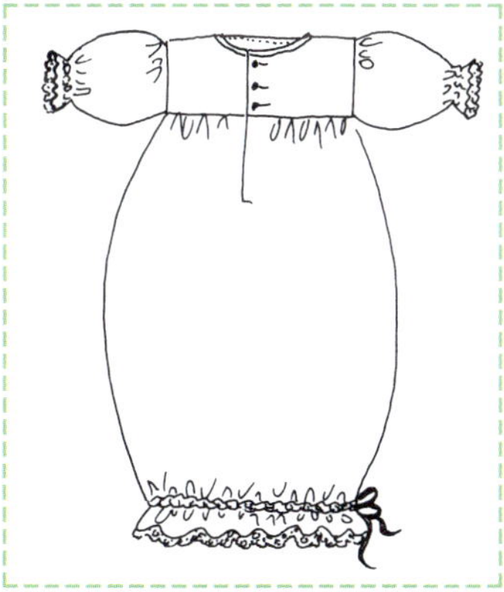

Das Strampelkleid hat eine gerade Passe, die hinten geknöpft wird, eingesetzte Ärmel und einen runden Halsausschnitt. Den Saum mit einem Bindeband zusammenhalten.

Das brauchen Sie: 0,80 m Molton oder angerauhten Baumwollstoff, 140 cm breit; 3 kleine Perlmuttknöpfe oder Druckknöpfe zum Einstanzen; 0,25 m schmales Gummiband; 1,70 m Festonspitze, 2,5 cm breit; 1,80 m Satinband, 1 cm breit; farblich passende Taftreste.

Schnitteile

Fig. 13 vord. Passe
Fig. 14 rückw. Passe
Fig. 15 vord. und rückw. Rockteil
Fig. 16 Ärmel
Fig. 17 Kragen

Schnittlinie schwarz/Bogen A

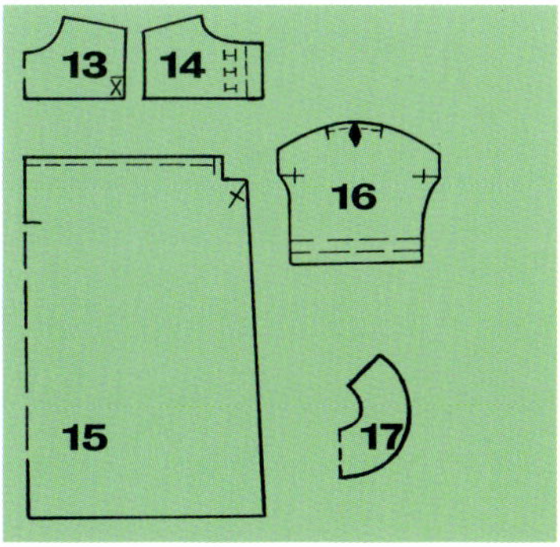

So wird's gemacht: Alle Teile mit 1 cm Nahtzugabe zuschneiden, das Rockteil zweimal. Für den Rückenschlitz im rückwärtigen Rockteil einen 4 cm breiten und 25 cm langen Streifen im geraden Fadenlauf, für den Halsausschnitt einen 2,5 cm breiten und 25 cm langen Schrägstreifen, für die Tunnel an Saum und Ärmel insgesamt 1,60 m x 3,5 cm im geraden Fadenlauf zuschneiden. Den rückwärtigen Rockschlitz einschneiden und mit dem Schlitzstreifen 1 cm breit einfassen. Am Obertritt umbügeln, am Untertritt vorstehen lassen. Die Rockseiten-, die Schulter- und die Ärmelnähte bis + schließen. Die oberen Rockkanten auf Passenweite einkräuseln. Die unteren Passenkanten nahtbreit umbügeln und knappkantig auf die Rockteile steppen. Die seitlichen Passenkanten umbügeln, dabei die Nahtzugaben in den Ecken des Rockes einschneiden. Die Armku-

Erst Schlafsack, dann Strampelkleid und durch und durch praktisch: am schönsten aus einem ganz weichen Stoff!

geln einkräuseln, unter die seitlichen Passenkanten schieben und knappkantig feststeppen. Die Belege in der rückwärtigen Passe umbügeln. Den Schrägstreifen in den Bruch bügeln und den Halsausschnitt damit versäubern. Von rechts knappkantig absteppen. Belegkanten feststeppen. Ärmel- und Rocksäume nahtbreit umbügeln, die Festonspitze untersteppen. Nahtzugaben der Spitze einschlagen und absteppen. Die Taftstreifen für die Tunnel an beiden Seiten umbügeln und aufsteppen. In die Ärmeltunnel Gummiband ziehen, in den Saumtunnel das Satinband einziehen (dafür die Naht an der linken Seite öffnen). Knopflöcher sticken und Knöpfe annähen (oder Drucker einstanzen).

Der Rüschenkragen ist aus duftigem Batist und kann auch zu anderen Sachen getragen werden.

Das brauchen Sie: 0,30 m Tupfenbatist, 90 cm breit; 0,40 m Schrägstreifen, 3 cm breit.

So wird's gemacht: Den Kragen mit 1 cm breiten Nahtzugaben zuschneiden. Die Außenkante umbügeln. Einen 70 cm langen und 3 cm breiten geraden Streifen aus Batist zuschneiden, knappkantig säumen, einkräuseln und an die Kragenkante steppen. Die Halsausschnittkante mit dem Schrägstreifen einfassen und die Enden als Bindebänder verstürzen.

Alles in Pastellfarben

Größe 62

Hier ist alles, was ein Baby in den ersten Wochen seines Lebens braucht, um hübsch auszusehen: von der Mütze bis zum Lätzchen – und alles ganz einfach nachzumachen. Pastellfarbene, leichte Stoffe sind für diese sommerlichen Sachen und die zierlichen Rüschen am besten geeignet. Wenn Sie's lieber etwas wärmer und farbiger hätten, dann blättern Sie bitte weiter auf Seite 29!

→ Tip: Es muß nicht die ganze Garnitur sein – Lätzchen und Schühchen können Sie zum Beispiel auch solo als kleines Mitbringsel verschenken.

Die Jacke ist außen kleingemustert und innen gestreift – niedlich sind auch Stoffe mit Tupfen und kleinen Blümchen, die farblich gut zusammenpassen. Die Ärmel werden eingesetzt, alle Kanten sind mit Rüschen besetzt.

Das brauchen Sie: 0,75 m gemusterten und 1,20 m gestreiften Baumwollstoff, 90 cm breit; 2 Nähfrei-Druckknöpfe.

Schnitteile

Fig. 18 Vorderteil
Fig. 19 Rückenteil
Fig. 20 Kragen
Fig. 21 Ärmel

Schnittlinie schwarz/Bogen A

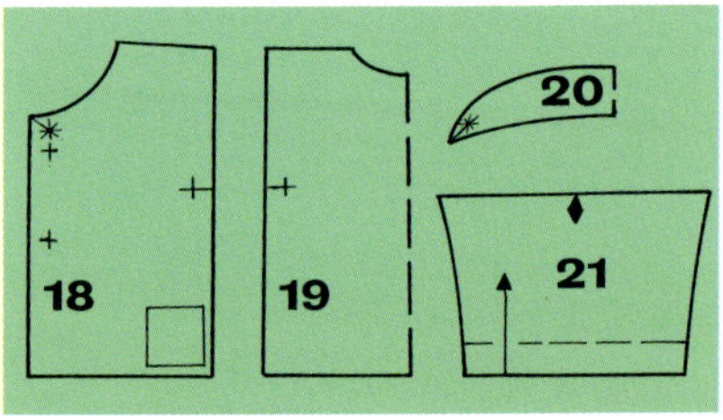

So wird's gemacht: Vorderteile, Rückenteil, Ärmel, Tasche und Kragen aus beiden Stoffen mit 1 cm Nahtzugabe zuschneiden. Für die Rüschen ca. 5 cm breite Streifen im geraden Fadenlauf zuschneiden: ca. 80 cm lang für den Kragen, zweimal 40 cm lang für die Ärmel, ca. 50 cm lang für die vordere Kante und ca. 10 cm lang für die Tasche. Die Streifen in den Bruch bügeln und rechts auf rechts auf die Kanten der entsprechenden Schnitteile stecken (am Vorderteil nur eine Kante „berüschen"). Dabei dicht an dicht kleine Fältchen von ca. 0,7 cm Breite einlegen, feststecken und einmal drübersteppen (die vielen Nadeln würden beim Verstürzen stören). Außenkanten des Kragens

Eine kleine Grundgarderobe, komplett von der Mütze bis zum Schuh. Alle Schnitte sind natürlich auch einzeln verwendbar.

verstürzen (die Rüsche zeigt nach innen) und knappkantig absteppen. Schulternähte in beiden Jackenteilen schließen. Ärmel einsetzen. Seiten- und Ärmelnähte schließen. Die gestreifte und die gemusterte Jacke verstürzen (die Rüschen zeigen immer nach innen), am Halsausschnitt den Kragen zwischenfassen. Am Rücken ein Stück zum Wenden offen lassen. Die Kanten bügeln und schmal absteppen. An den Ärmelsäumen den Oberstoff mit der Hand unsichtbar gegen die Rüsche nähen. Die Tasche verstürzen und auf die äußere Jackenseite steppen. Die Drucker zeichengemäß einstanzen.

Die Bluse ist ganz schlicht mit Bubikragen. An den Ärmeln sind schmale Bündchen – die kommen am wenigsten mit den Rüschen an den Jackenärmeln ins Gedränge.

Das brauchen Sie: 1 m gestreiften Baumwollstoff, 90 cm breit; 4 Knöpfe.

Schnitteile

Fig. 22 Vorderteil
Fig. 23 Rückenteil
Fig. 24 Kragen
Fig. 25 Ärmel

Schnittlinie schwarz/Bogen A

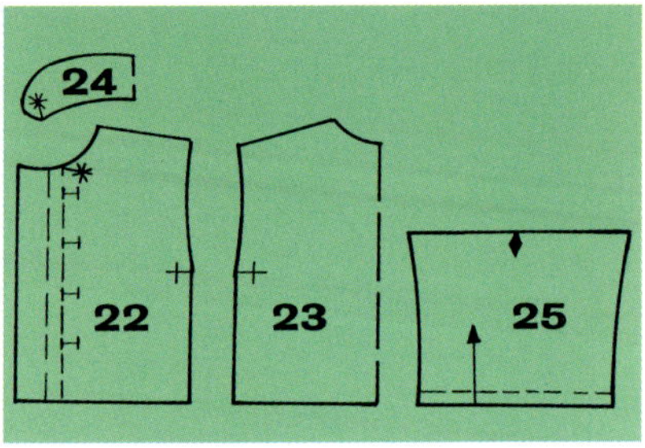

So wird's gemacht: Alle Teile mit 1 cm Nahtzugabe zuschneiden. Für die Bündchen zwei Streifen 6 cm breit und 18 cm lang zuschneiden. Die Schulternähte schließen, Ärmel einsetzen. Seiten- und Ärmelnähte in einem Rutsch schließen. Die Außenkanten des Kragens verstürzen und knappkantig absteppen. Die vorderen Belege verstürzen. Den Kragen zeichengemäß in den Halsausschnitt steppen. Die Ärmelsäume einkräuseln, Bündchen in den Bruch bügeln, zum Kreis schließen und ansetzen. Kanten absteppen, Bluse säumen und die Drucker einstanzen.

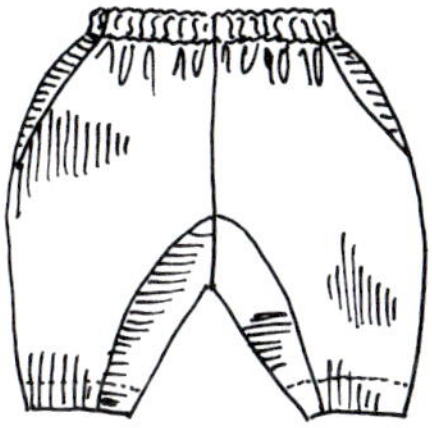

Die Hose ist extra weit und sieht lustig aus durch die quergestreiften, abgerundeten Einsätze.

Das brauchen Sie: 1 m gestreiften Stoff, 90 cm breit; 60 cm Gummiband, 2 cm breit.

Schnitteile

Fig. 26 vorderes Hosenteil
Fig. 27 hinteres Hosenteil

Schnittlinie schwarz/Bogen A

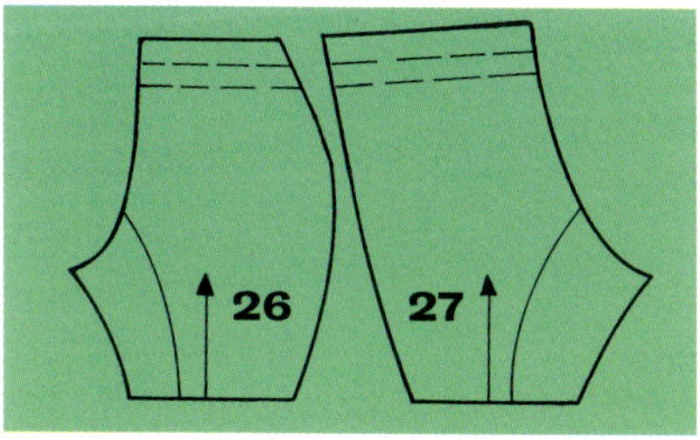

So wird's gemacht: Die abgerundeten Einsätze in den Hosenbeinen herauskopieren. Alle Teile mit 1 cm Nahtzugabe zuschneiden. Die Einsätze quer zuschneiden, in die entsprechenden Hosenbeinteile nähen, die Nahtzugabe nach innen bügeln und von rechts knappkantig absteppen. Die Seitennähte schließen und von rechts absteppen. Schrittnähte schließen, die obere Hosenkante umbügeln, einen Tunnel steppen und das Gummiband einziehen. Die inneren Hosenbeinnähte in einem Rutsch schließen. Die Hosenbeine schmal säumen und umkrempeln.

Die Schühchen sind an Fersen und Sohle gestreift und offen zum Hineinschlüpfen. Die verlängerte Schuhsohle wird wie eine Lasche erst nach dem Anziehen nach vorn über das kleingemusterte Fußteil gezogen.

Das brauchen Sie: 0,20 m gemusterten und gestreiften Stoff, 90 cm breit.

Schnittteile

Fig. 28 Fußteil
Fig. 29 Schuhsohle

Schnittlinie schwarz/Bogen A

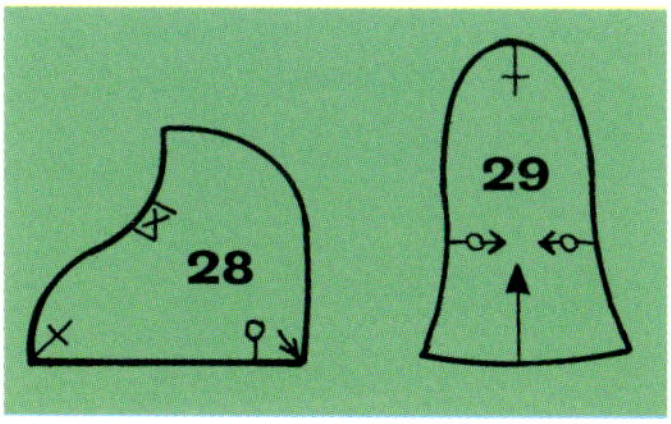

So wird's gemacht: Das Fußteil je viermal aus dem gemusterten Stoff mit 1 cm Nahtzugabe zuschneiden. Die Schuhsohlen je viermal aus dem gestreiften Stoff mit 1 cm Nahtzugabe zuschneiden. Zwei Schrägstreifen, 70 cm lang und 3 cm breit, aus dem gestreiften Stoff zuschneiden. Mittelnaht in den Fußteilen schließen, eine kleine Schlaufe aus verstürztem Schrägband zeichengemäß zwischenfassen. Die runden Außenkanten der gemusterten Fußteile rechts auf rechts stecken, nähen, wenden und knappkantig absteppen. Das untere Stück der Fußteile rechts auf rechts an die Schuhsohlen steppen, dabei in einem Rutsch gleich das gerade Seitenstück der Schuhsohlen verstürzen. Schuhe durch den oberen, offenen Teil der Fußsohle wenden, ineinanderschieben und mit Schrägband einfassen. Die Enden zum Binden überstehen lassen.

Die Mütze hat eine leicht eckige Form und wird unterm Kinn gebunden. Ein Gummizug am Hinterkopf sorgt für perfekten Sitz, eine Rüsche am vorderen Rand ist ein hübscher Rahmen für Babys Gesicht.

Das brauchen Sie: 0,40 m gemusterten Stoff, 90 cm breit und 0,40 m gestreiften Stoff, 90 cm breit; einen Rest Hutgummi.

Schnitteil
Fig. 30 Mütze
Schnittlinie schwarz / Bogen A

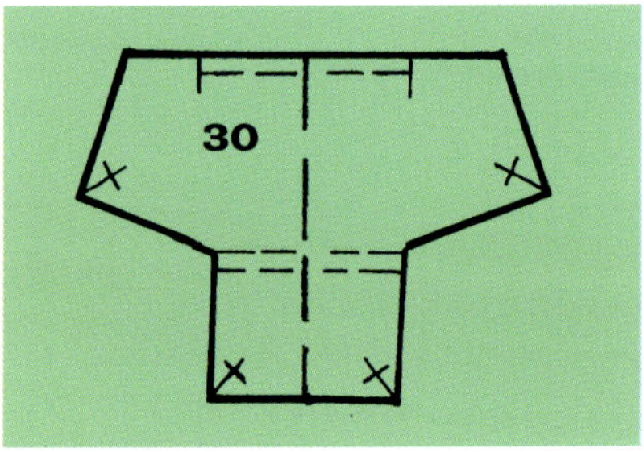

So wird's gemacht: Das Mützenteil aus beiden Stoffen mit 1 cm Nahtzugabe zuschneiden. Für die Rüsche einen 5 cm breiten und 50 cm langen Streifen und für das Bindeband einen 5 cm breiten und 80 cm langen Schrägstreifen aus dem gestreiften Stoff zuschneiden. Den Rüschenstreifen in den Bruch bügeln, in kleinen Fältchen an die Vorderkante des gemusterteten Mützenteils steppen (siehe Jacke). Die hinteren Seitennähte in beiden Mützenteilen schließen. Die vorderen Mützenkanten miteinander verstürzen, wenden und knappkantig absteppen. Die beiden Mützenteile ineinanderstecken und die Halskante auf ca. 19 cm einkräuseln. Mit dem Schrägband 1 cm breit einfassen, die Bandenden zum Binden überstehen lassen. Am Hinterkopf Hutgummi zum Einkräuseln einziehen.

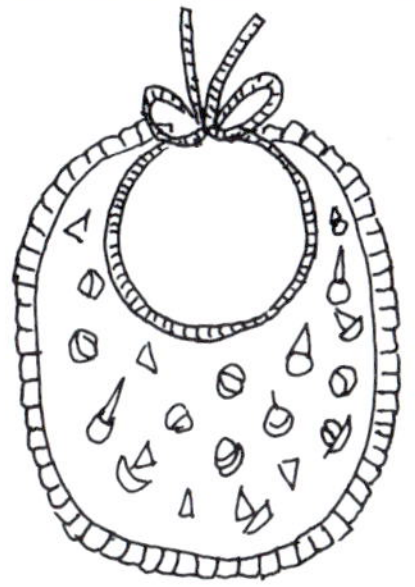

Das Lätzchen ist aus doppeltem Stoff gearbeitet, kann also praktischerweise von beiden Seiten benutzt werden. Hier perfekt passend zur Ausfahrgarnitur.

Das brauchen Sie: 0,25 m gemusterten Stoff, 90 cm breit und 0,40 m gestreiften Stoff, 90 cm breit.

Schnitteil

Fig. 31 Lätzchen

Schnittlinie schwarz / Bogen A

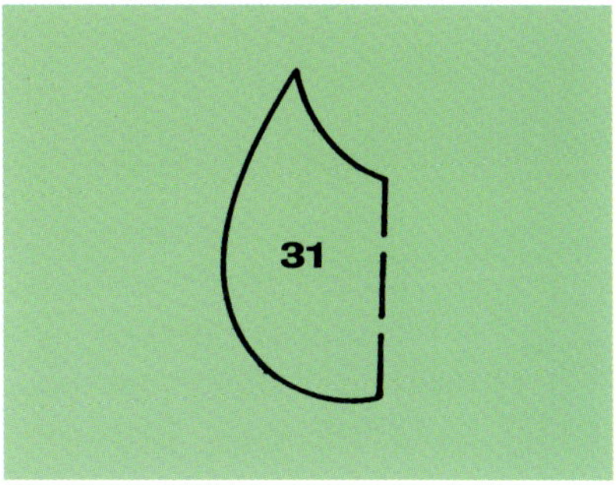

So wird's gemacht Das Lätzchen aus beiden Stoffen mit 1 cm Nahtzugabe zuschneiden. Für die Rüsche brauchen Sie einen 5 cm breiten und insgesamt 120 cm langen Streifen im geraden Fadenlauf und für das Bindeband einen 3 cm breiten und 90 cm langen Schrägstreifen, beide aus gestreiftem Stoff. Den Rüschenstreifen in den Bruch bügeln, in kleinen Fältchen an die Lätzchenkante stecken und feststeppen. Beide Lätzchenteile an den Außenkanten miteinander verstürzen (Rüsche zeigt nach innen), wenden und knappkantig absteppen. Die Halsrundung mit dem Schrägstreifen einfassen, die Enden zum Binden überstehen lassen.

Weicher Steppoverall

Größe 62

Durchgehend warm und gut geschützt sind Babys in diesem Overall, weil sie sich so auch nachts nicht freistrampeln können! Der Overall ist ganz wattiert und außerdem mit Molton gefüttert. Die Schühchen können Sie nach der Anleitung von Seite 23 nähen.

→ Tip: Wer will, kann fertigen Steppstoff kaufen, aber bei den kleinen Teilen geht das Selbersteppen relativ schnell.

Der Steppoverall ist aus verschiedenen Stoffen zusammengesetzt und hat vorn unter der spitzen Lasche einen praktischen Reißverschluß.

Das brauchen Sie: 1,20 m hellblauen Blümchenstoff, 90 cm breit; 0,60 m weißen Blümchenstoff, 90 cm breit; 0,25 m Rosenstoff, 90 cm breit. Außerdem 0,80 m Molton oder angerauhten Baumwollstoff, 140 cm breit; 0,80 m Volumenvlies, 140 cm breit. 3 Druckknöpfe zum Einstanzen; 0,70 m schmales Gummiband; 1 Reißverschluß, 30 cm lang.

Schnitteile
Fig. 32 Vorderteil
Fig. 33 Rückenteil
Fig. 34 Kragen
Fig. 35 Ärmel

Schnittlinie schwarz/Bogen A

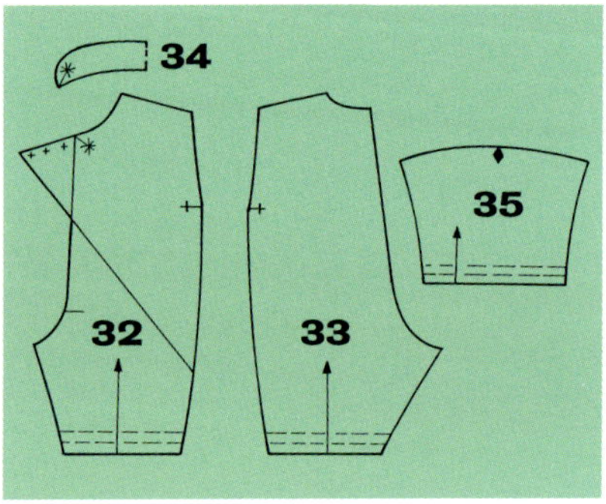

So wird's gemacht: Das rechte Vorderteil mit gerader Kante aus blauem Stoff zuschneiden. Das linke Vorderteil (mit Lasche) aus dem Schnittbogen kopieren, dabei an der eingezeichneten Linie den Schnitt auseinanderschneiden. Das obere Stück aus weißem Stoff, das untere Stück aus blauem Stoff zuschneiden. Kragen und den linken Ärmel aus weißem Stoff, den rechten Ärmel aus Rosenstoff zuschneiden. Das Rückenteil zweimal aus blauem Stoff zuschneiden. Achtung: Alles etwas großzügiger zuschneiden, denn die Teile müssen nach dem Wattieren noch einmal

Dieser Overall ist superkuschelig und sieht durch die verschiedenen Blümchenstoffe besonders süß aus.

nachgeschnitten werden (s. unten)! Den Kragen (zweimal) und den Beleg für die Lasche (einmal) mit 1 cm Nahtzugabe aus weißem Stoff zuschneiden. Futter: Alle Teile (ohne Lasche und Teilungsnähte) aus Molton mit 1 cm Nahtzugabe zuschneiden. Wattieren: Das Volumenvlies unter den Stoff stecken und diagonal von rechts ca. 4 cm große Karos durchsteppen. Danach die Schnitte noch einmal auflegen und alle Teile mit 1 cm Nahtzugabe zuschneiden. Nähen: Die Rückennaht schließen. Linkes Vorderteil zusammensteppen. Die Lasche mit dem Beleg verstürzen. Naht und Laschenkanten schmalkantig absteppen. Vordere Schrittnaht und die Schulternähte schließen. Ärmel einsetzen, Ärmel- und Seitennähte in einem Rutsch schließen. Volumenvlies unter den Oberkragen heften, Kragenteile an den Außenkanten verstürzen, schmalkantig absteppen und in den Halsausschnitt nähen. Die inneren Beinnähte schließen. Das Futter zusammennähen, den Reißverschluß einsetzen (rechte Seite zeigt nach innen!). Steppoverall und Futter an den Kanten von Hosenbeinen und Ärmeln verstürzen, 1 cm von der Kante entfernt einen 1,5 cm breiten Tunnel steppen, Gummiband (Ärmel je 15 cm, Hosenbeine je 18 cm) einziehen. Das Futter am Halsauschnitt von innen knappkantig gegen den Kragen säumen. Den Steppoverall von rechts so auf das Futter steppen, daß die Reißverschlußspirale noch sichtbar ist. Drucker zeichengemäß einstanzen.

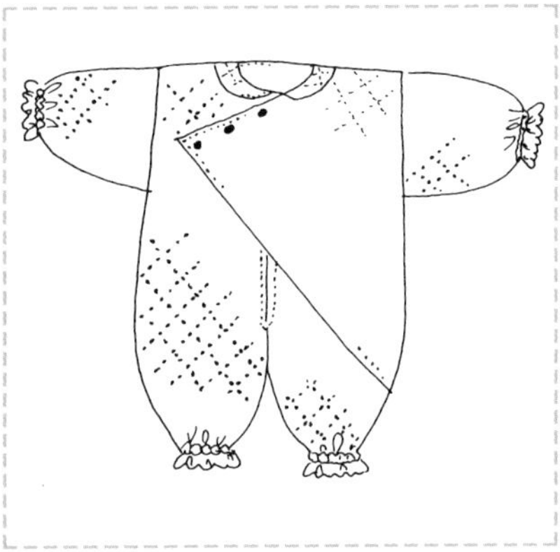

Bunt und warm!

Größe 68

Diese Baby-Kombination sieht knackig frisch und fröhlich aus - und verrät damit auf den ersten Blick, daß sie nicht mehr für die zarten neugeborenen, sondern für die etwas größeren Babys gedacht ist. Denen stehen kräftige Farben nämlich besonders gut!

→ Tip: Für Sommerbabys können Sie die warme Vliesschicht zwischen Oberstoff und Futter auch weglassen.

Die Jacke wird asymmetrisch geknöpft und ist schnell genäht. Zwischen die mollig-angerauhten Stoffe kommt eine Vliesschicht, damit das Baby es rundherum schön warm hat.

Das brauchen Sie: 0,75 m gemusterten Baumwollstoff in Grün und Rot, jeweils 90 cm breit; 0,65 m Volumenvlies, 140 cm breit; 2 farbige Knöpfe, 18 mm Ø.

Schnitteile
Fig. 36 Vorderteil
Fig. 37 Rückenteil
Fig. 38 Kragen
Fig. 39 Ärmel

Schnittlinie rot/Bogen A

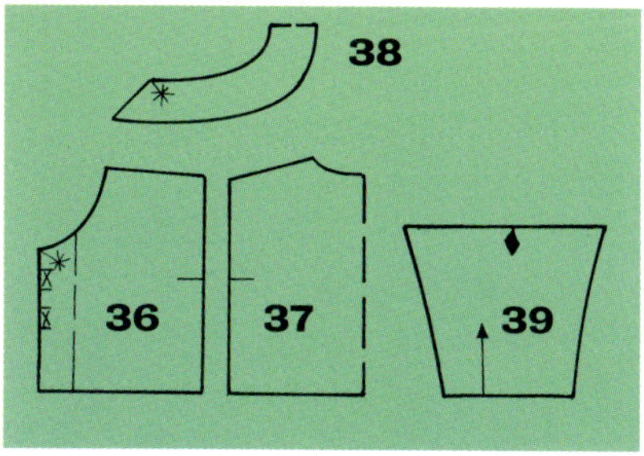

So wird's gemacht: Jackenteile und Kragen aus beiden Stoffen und dem Vlies mit 1 cm Nahtzugabe zuschneiden. Das Vlies unter den Oberstoff heften. Kragenteile an den Außenkanten rechts auf rechts zusammennähen, wenden und knappkantig absteppen. Schulternähte schließen. Ärmel einsetzen. Die Ärmelkanten beider Jacken miteinander verstürzen. Seiten- und Ärmelnähte in einem Rutsch schließen. Zwei 6 cm lange, und 1 cm breite Schlaufen nähen (schräg zuschneiden) und zeichengemäß auf die linke Vorderkante stecken. Jackenteile rechts auf rechts stecken, den Kragen am Halsausschnitt zwischenfassen, und die Jacke rundherum verstürzen. Am Rückenteil beginnen und ca. 10 cm zum Wenden offen lassen. Die Jacke wenden, rundherum schmal absteppen, dabei die vorderen Kragenecken an den vorderen Kanten befestigen. Die Knöpfe annähen.

Hier ist der Bär los! Die praktische Baby-Kombination ist warm wattiert und fröhlich bunt.

Die Hose ist doppelt gearbeitet (außen rotgemustert, innen grün), hat einen Latz mit Trägern und wird seitlich geschlossen. Vorn ist als Blickfang die mittlere Spitze mit einem Drucker „umgeknickt“.

Das brauchen Sie: 1 m gemusterten Stoff in Rot und Grün, jeweils 90 cm breit; 2 Nähfrei-Druckknöpfe.

Schnitteile
Fig. 40 vord. Latz
Fig. 41 rückw. Latz
Fig. 42 vord. Hosenteil
Fig. 43 rückw. Hosenteil

Schnittlinie rot /Bogen A

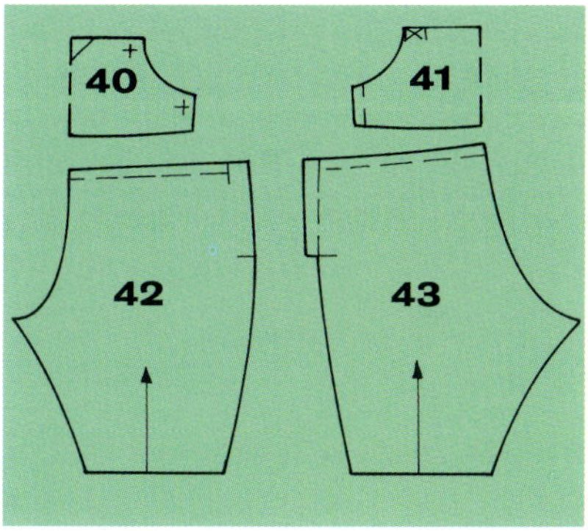

So wird's gemacht: Alle Teile mit 1 cm Nahtzugabe aus beiden Stoffen zuschneiden. Zwei Träger, 12 cm breit und 30 cm lang, aus dem rotgemusterten Stoff zuschneiden. Auf 5 cm Breite verstürzen, eine Seite schließen, wenden und die offene Seite an

Dieser Hosenschnitt ist ideal für Babys.

den rückwärtigen Latz stecken (Länge eventuell überprüfen). Den vorderen und den rückwärtigen Latz oben und an den Seiten verstürzen und knappkantig absteppen. Die Seitennähte der Hosen bis zum Schlitzzeichen, dann die Schrittnähte und die inneren Beinnähte schließen. Die Hosen rechts auf rechts stecken, an den Schlitzen miteinander verstürzen und wenden. Die oberen Kanten einkräuseln und an den Latz nähen, von rechts knappkantig absteppen. Die Hosenbeine 1 cm breit gegeneinanderkippen und schmal absteppen. Die Drucker für die Träger zeichengemäß einstanzen.

Die Schühchen lassen sich durch die (fertiggekauften) Rippenbündchen kinderleicht nähen und an- und ausziehen!

Das brauchen Sie: 0,20 m gemusterten Stoff in Grün, 0,20 m Molton in Rot, beide 90 cm breit und 0,20 m Volumenvlies, 140 cm breit; 0,30 m Rippenbündchen, 10 cm breit.

Schnitteile
Fig. 44 Fußteil
Fig. 45 Schuhsohle

Schnittlinie rot/Bogen A

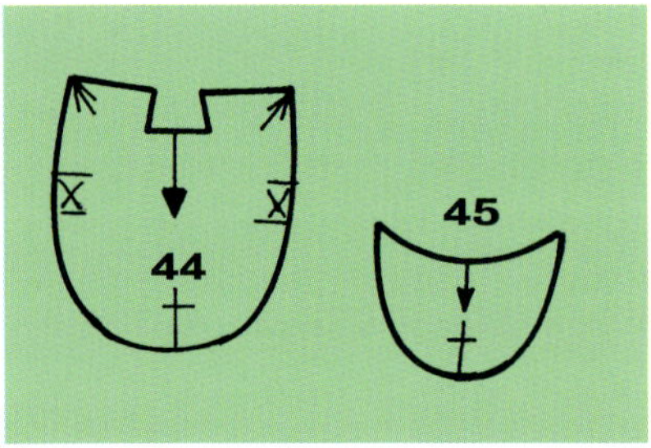

So wird's gemacht: Beide Fußteile je zweimal aus Stoff und Molton, sowie dem Vlies mit 1 cm Nahtzugabe zuschneiden. Für die Bindebänder vier 3 cm breite und 30 cm lange Schrägstreifen zuschneiden und auf 1 cm Breite verstürzen. Das Vlies unter die gemusterten Teile heften. Die gemusterten Schuhe und das Moltonfutter einzeln fertig nähen, d. h. x auf x und + auf + stecken und zusammensteppen. Dabei die Bindebänder zeichengemäß zwischenfassen. Die Rippenbündchen zum Ring schließen, die eine Kante rechts auf rechts an den gemusterten Schuh, die andere rechts auf rechts an das Moltonfutter steppen. Danach die Schühchen ineinanderschieben. Direkt unter dem Rippenbündchen von rechts durchsteppen oder mit der Hand festnähen.

Die Mütze mit dem lustigen Knotenzipfel ist mit Vlies unterlegt, hat ein Futter aus dem grüngemusterten Stoff (wahlweise auch Molton) und ist mit Rippenbündchen eingefaßt. Nützlich und niedlich: Ohrenklappen.

Das brauchen Sie: je 0,30 m gemusterten Stoff in Rot und in Grün, beide 90 cm breit; 10 cm Rippenbündchen, mindestens 50 cm breit.

Schnitteile
Fig. 46 Mützenteil
Schnittlinie rot/Bogen A

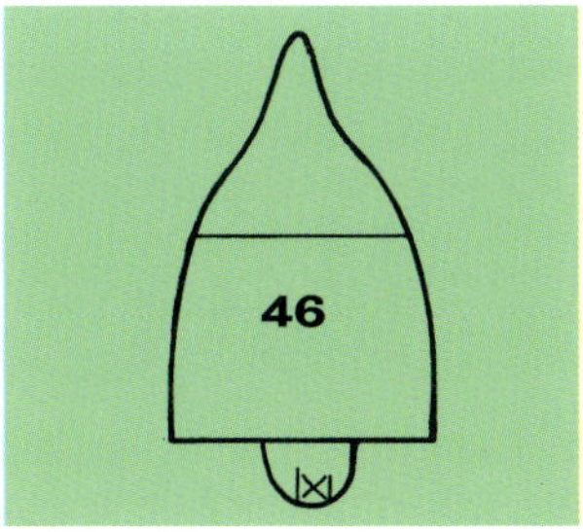

So wird's gemacht: Das Mützenteil aus dem Schnittbogen herauskopieren, die Ohrenklappen abtrennen. Das große Mützenteil zweimal mit 1 cm Nahtzugabe aus dem grüngemusterten Stoff (= Futter) zuschneiden. Danach das Mützenteil an der eingezeichneten Linie trennen: den Zipfel je zweimal in Rot, das untere Mützenteil je zweimal in Grün und je zweimal aus Vlies mit 1 cm Nahtzugabe zuschneiden. Das Vlies unter das untere Mützenteil heften. Die Ohrenklappen zweimal in Grün und zweimal in Rot mit 1 cm Nahtzugabe zuschneiden. Zum Einfassen zwei Schrägstreifen in Rot, 3 cm breit und 30 cm lang, zuschneiden. Als Bindebänder zwei Schrägstreifen in Grün, 3 cm breit und 40 cm lang, zuschneiden. Die Zipfel an das untere Mützenteil steppen, die Mittelnähte (auch im Futter) schließen. Die Bindebänder verstürzen und auf die Ohrenklappen stecken. Die Ohrenklappen mit dem Schrägband einfassen und zeichengemäß auf die äußere Mütze stecken. Das Rippenbündchen zum Ring schließen, in den Bruch legen und an die äußere Mütze nähen. Das Futter in die Mütze schieben und mit der Hand gegen das Rippenbündchen säumen. Den Zipfel verknoten.

Kleine, leichte Pullover

Größe 68 und 80

Auch die Kleinsten tragen schon gerne Stricksachen – vorausgesetzt, sie sind warm, weich – und kratzen nicht! Hier sind drei verschiedene Pullover, alle leicht und hübsch anzusehen, aber unterschiedlich schwierig zu stricken. Außerdem noch eine niedliche Mütze, die zu allen Pullovern paßt.

Teddypullover Alle Angaben für Größe 80 stehen, sofern sie abweichen, in eckigen Klammern.

Das brauchen Sie: feine Wolle, evtl. mit etwas Mohairanteil (Lauflänge ca. 110 m/20 g), d. h. 80 g [100 g] in Pink und je 20 g in Türkis, Mint, Lind, Violett, Hellgrau und Dunkelgrau oder Reste in den 6 letztgenannten Farben, sowie Stricknadeln Nr. 2,5 und Nr. 3 und 3 Knöpfe.
Grundmuster: glatt re. (Hinr. re., Rückr. li.), Teddymotiv s. Schemazeichnung S. 36 (1Kästchen = 1 Masche).
Maschenprobe: Mit Nadeln Nr. 3 ergeben 25 M. in der Breite und 32 R. in der Höhe 10 cm im Quadrat.

Rücken- und Vorderteil

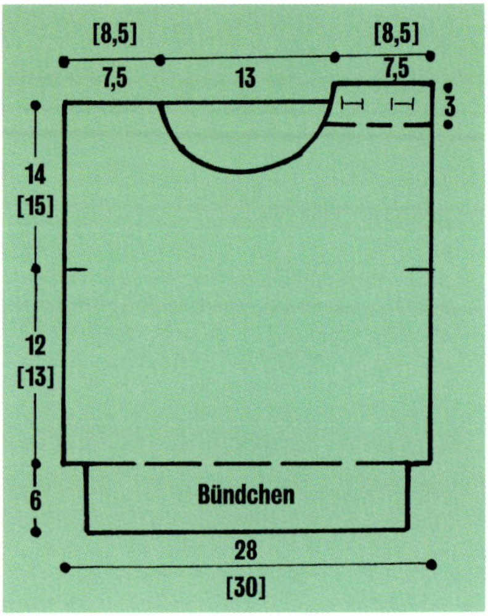

Ärmel

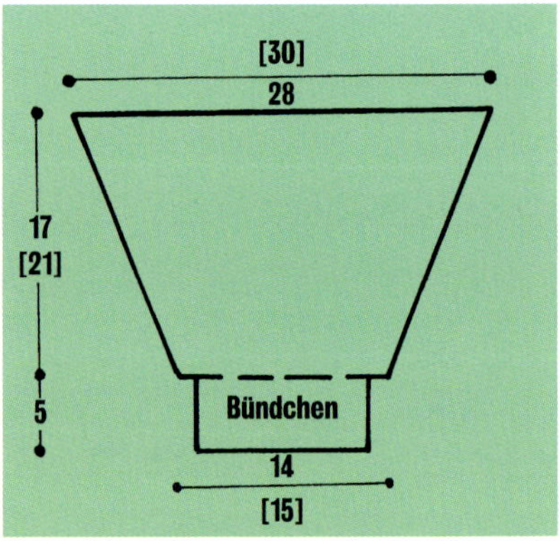

Alle drei Pullover werden nach diesem Schnitt gestrickt!

Für dieses fröhliche Teddymotiv braucht man etwas Fingerspitzengefühl. Die Mütze paßt auch zu Ringel- und Zackenpullover.

Teddymotiv (1 Kästchen = 1 Masche)

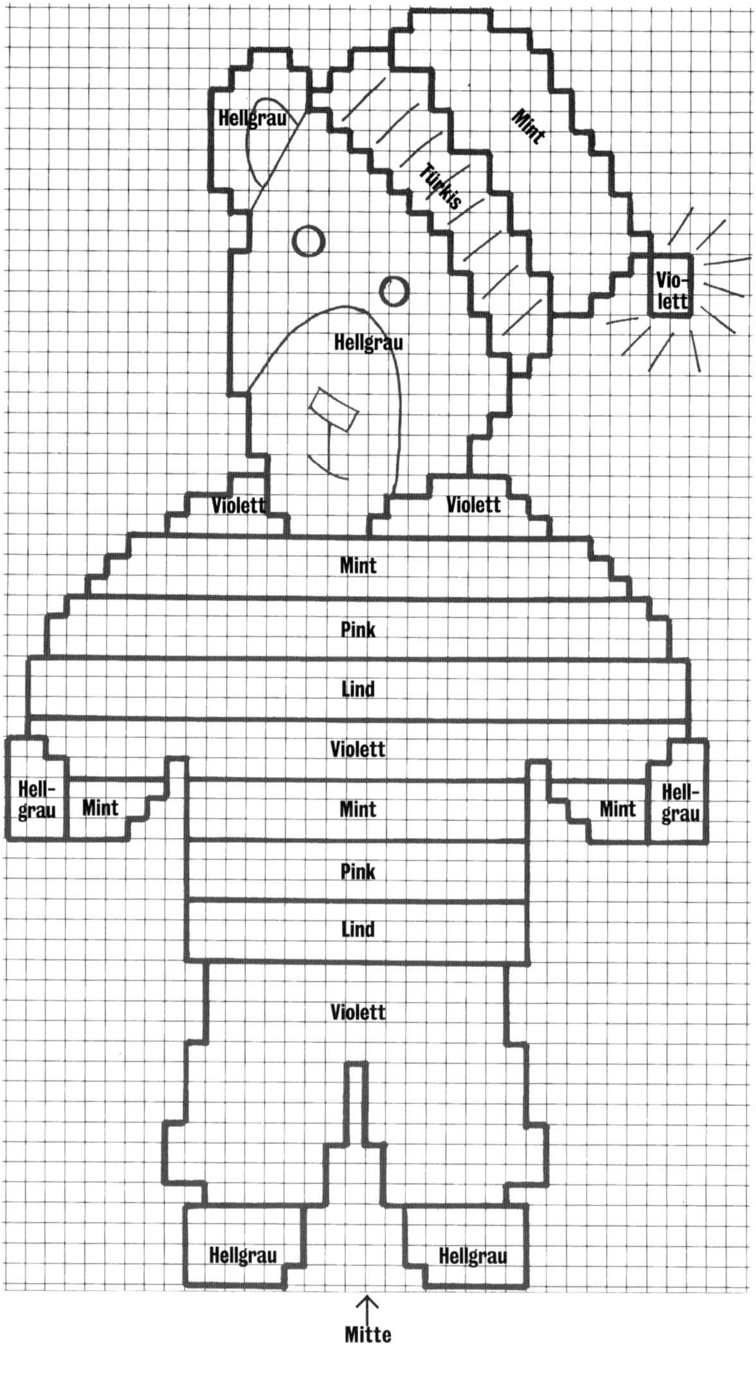

So wird's gemacht: Rückenteil: 72 M. [76 M.] mit Nadeln Nr. 2,5 in Pink anschlagen und für das Bündchen 6 cm im Rippenmuster (2 M. re., 2 M. li. im Wechsel) stricken. Dann mit Nadeln Nr. 3 im Grundmuster weiterarbeiten. Ab 30,5 cm [32,5 cm] Gesamth. für den Verschluß auf der linken Schulter die äußeren 20 M. [22 M.] im Rippenmuster stricken. In 32 cm [34 cm] Gesamth. nur diese 20 M. [22 M.] auf der Nadel lassen, alle übrigen M. abketten. Noch 1,5 cm im Rippenmuster arbeiten, die M. abketten.

Vorderteil: Im Prinzip genauso stricken wie das Rückenteil. Zusätzlich jedoch in der 3. R. des Grundmusters mit dem Einstricken des Teddys nach der Schemazeichnung beginnen. Es wird im Prinzip der Flächenaufteilung gearbeitet. Das Gesicht, die Konturen und zusätzlichen Linien werden zuletzt aufgestickt. Für jede Fläche muß ein extra Knäuel verwendet werden, damit sich auf der Rückseite keine Spannfäden bilden. Man arbeitet also mit mehreren Knäulen gleichzeitig. Bei jedem Farbwechsel in einer R. werden die beiden Fäden auf der Rückseite miteinander verkreuzt, um eine feste Verbindung zu erhalten. In 27 cm [29 cm] Gesamth. für den Halsausschnitt die mittl. 14 M. abketten und zunächst die rechte Schulter beenden. Dabei weiter in jeder 2. R. 1mal 3 M., 2mal 2 M. und 2mal1 M., in 32 cm [34 cm] Gesamth. die übrigen 20 M. [22 M.] abketten. Die linke Schulter gegengleich arbeiten. Dabei in 30,5 cm [32,5 cm] Gesamth. im Rippenmuster weiterstricken. In 32 cm [34 cm] Gesamth. gleichmäßig verteilt 2 Knopflöcher arbeiten (s. Schnittschema), d. h. jeweils 2 M. zusammenstricken, 1 Umschl. aufnehmen. Noch 1,5 cm im Rippenmuster arbeiten, die M. abketten.

Ärmel: 36 M. [38 M.] mit Nadeln Nr. 2,5 in Pink anschlagen und für das Bündchen 5 cm im Rippenmuster stricken. Dann mit Nadeln Nr. 3 im Grundmuster weiterarbeiten. Dabei insgesamt 15mal abwechselnd in jeder 2. und 4. R. und noch 3mal in jeder 2. R. [7mal in jeder 4. R. und noch 12mal abwechselnd in jeder 2. und 4. R.] beidseitig je 1 M. zunehmen. In 22 cm [26 cm] Gesamth. die M. abketten. Den zweiten Ärmel genauso stricken.

Ausarbeitung: Zunächst bei dem Teddy in Dunkelgrau die Konturen und zusätzlichen Linien im Stielstich, Augen und Nase im Plattstich sticken. Die rechte Schulternaht schließen. Für die Blende aus dem Halsausschnitt und den schmalen Kanten der Verschlußleisten 84 M. mit Nadel Nr. 2,5 in Pink herausstrikken und im Rippenmuster arbeiten. Dabei in 1 cm Höhe noch 1 Knopfloch einstricken. In 2 cm Höhe die M. abketten. Die Seiten- und Ärmelnähte schließen. Die Verschlußleisten entsprechend übereinanderlegen und die Ärmel einnähen. Die Knöpfe annähen.

Mütze

Das brauchen Sie: ca. 20 g Reste der Pulloverwolle in Mint, Pink, Violett und Lind, sowie 1 Nadelspiel Nr. 2,5.
Grundmuster: glatt re. (hier in Runden nur re.).

So wird's gemacht: 104 M. (26 M. je Nadel) in Mint anschlagen und in Rd. im Grundmuster arbeiten. In 6 cm Höhe in Pink weiterstricken. In 11 cm Gesamth. mit den Abnahmen für die Kopfform beginnen. Dafür in der folg. Rd. jede 12. und 13. M. re. zus.stricken. Die Abnahmen an den gleichen 8 Stellen 3mal in jeder 4. Rd., 2mal in jeder 3. Rd. und noch 5mal in jeder 2. Rd. wiederholen, also zunächst jede 11. und 12. M., weiter jede 10. und 11. M., jede 9. und 10. M. usw. re. zus.stricken. Gleichzeitig ab 13,5 cm Gesamth. je 3 Rd. in Mint, Violett und Lind stricken, anschließend die Mütze in Pink beenden. Die Farben können aber je nach vorhandener Menge auch anders eingesetzt werden. Die letzten 16 M. mit dem Endfaden zusammenziehen.

Ringelpullover

Alle Angaben für Größe 80 stehen, sofern sie abweichen, in eckigen Klammern.

Das brauchen Sie: feine Wolle, evtl. mit etwas Mohairanteil (Lauflänge ca. 110 m/20 g), d. h. 40 g in Mint und je 20 g in Pink, Violett und Lind, sowie Stricknadeln Nr. 2,5 und Nr. 3 und 3 Knöpfe.
Grundmuster: glatt re. (Hinr. re., Rückr. li.).
Maschenprobe: Mit Nadeln Nr. 3 ergeben 25 M. in der Breite und 32 R. in der Höhe 10 cm im Quadrat.

So wird's gemacht: Rückenteil: 72 M. [76 M.] mit Nadeln Nr. 2,5 in Mint anschlagen und für das Bündchen 6 cm im Rippenmuster (2 M. re., 2 M. li. im Wechsel) stricken. Dann mit Nadeln Nr. 3 im Grundmuster weiterarbeiten, und zwar * je 4 R. in Mint, Pink, Lind und Violett [2 R. in Lind, dann * je 4 R. in Violett, Mint, Pink und Lind.] Die Farbfolge ab * stets wiederholen. Das Teil endet auf der Schulter mit 4 R. in Mint. Bei diesem letzten Streifen für den Verschluß auf der linken Schulter die äußeren 20 M. [22 M.] im Rippenmuster arbeiten. In 32 cm [34 cm] Gesamth., also nach der 4. mintfarb. R., nur diese 20 M. [22 M.] auf der Nadel lassen, alle übrigen M. abketten. Noch 1,5 cm im Rippenmuster weiterstrikken, die M. abketten.

Der Ringelpullover ist (aus Resten) ganz einfach zu stricken.

Vorderteil: Bis 27 cm [29 cm] Gesamth. genau wie das Rückenteil arbeiten. Dann für den Halsausschnitt die mittl. 14 M. abketten und zunächst die rechte Schulter beenden. Dabei weiter in jeder 2. R. 1mal 3 M., 2mal 2 M. und 2mal 1 M., in 32 cm [34 cm] Gesamth. die übrigen 20 M. [22 M.] abketten. Die linke Schulter gegengleich arbeiten. Dabei den letzten mintfarb. Streifen wieder im Rippenmuster stricken. In 32 cm [34 cm] Gesamth. gleichmäßig verteilt 2 Knopflöcher einarbeiten (s. Schnittschema), d. h. jeweils 2 M. zusammenstricken, 1 Umschl. aufnehmen. Noch 1,5 cm im Rippenmuster arbeiten, die M. abketten.

Ärmel: 36 M. [38 M.] mit Nadeln Nr. 2,5 in Mint anschlagen und für das Bündchen 5 cm im Rippenmuster stricken. Dann mit Nadeln Nr. 3 im Grundmuster weiterarbeiten, und zwar 2 R. in Violett [entfällt], weiter * je 4 R. in Mint, Pink, Lind und Violett. Ab * stets wiederholen. Der Ärmel endet mit 4 R. in Mint. Gleichzeitig im Anschluß an das Bündchen insgesamt 15mal abwechselnd in jeder 2. und 4. R. und noch 3mal in jeder 2. R. [7mal in jeder 4. R. und noch 12mal abwechselnd in jeder 2. und 4. R.] beidseitig je 1 M. zunehmen. In 22 cm [26 cm] Gesamth. die M. abketten. Den zweiten Ärmel genauso stricken.

Ausarbeitung: Die rechte Schulternaht schließen. Für die Blende aus dem Halsauschnitt und den schmalen Kanten der Verschlußleisten 84 M. mit Nadeln Nr. 2,5 in Mint herausstricken und im Rippenmuster arbeiten. Dabei in 1 cm Höhe noch ein Knopfloch einstricken. In 2 cm Höhe die M. abketten. Die Seiten- und Ärmelnähte schließen. Die Verschlußleisten übereinanderlegen und die Ärmel einnähen. Die Knöpfe annähen.

Zackenpullover Alle Angaben für Größe 80 stehen, sofern sie abweichen, in eckigen Klammern.

Das brauchen Sie: feine Wolle, evtl. mit etwas Mohairanteil (Lauflänge ca. 110 m/20 g), d. h. 60 g in Natur, 40 g in Mint und 20 g in Rost oder einen Rest in Rost in passender Qualität, sowie Stricknadeln Nr. 2,5 und Nr. 3 und 3 Knöpfe.
Grundmuster: glatt re. (Hinr. re., Rückr. li.), Zackenmuster s. Schemazeichnung.
Maschenprobe: Mit Nadeln Nr. 3 ergeben 25 M. in der Breite und 32 R. in der Höhe 10 cm im Quadrat.

Schema für Zackenlinie

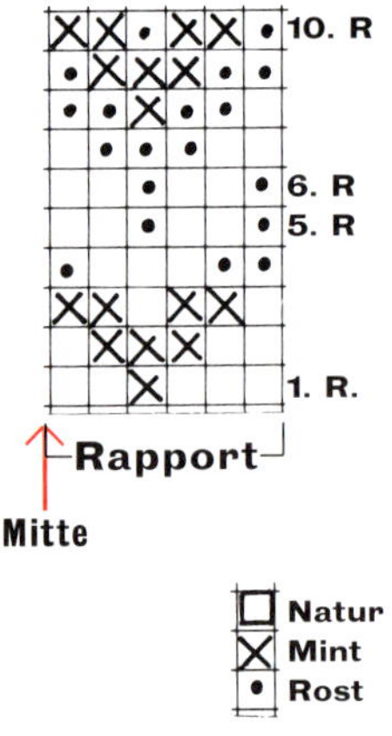

Die zierliche Zackenlinie wiederholt sich an den Ärmeln.

So wird's gemacht: Rückenteil: 72 M. [76 M.] mit Nadeln Nr. 2,5 in Natur anschlagen und für das Bündchen 6 cm im Rippenmuster (2 M. re., 2 M. li. im Wechsel) stricken. Dann mit Nadeln Nr. 3 im Grundmuster weiterarbeiten. Nach der 6. R. das Muster der 1. – 5. R. der Schemazeichnung einstricken. Das Muster von der Mitte aus einrichten und den Rapport in der Breite stets wiederholen. Außerdem die 1. und letzte M. immer mit beiden Fäden zusammen abstricken. Anschließend in Natur weiterarbeiten. Ab 16 cm [17 cm] Gesamth. das Muster der 6. – 10. R. der Schemazeichnung im gleichen Prinzip einstricken. Anschließend in Mint weiterarbeiten. In 30,5 cm [32,5 cm] Gesamth. für den Verschluß auf der linken Schulter die äußeren 20 M. [22 M.] im Rippenmuster stricken. In 32 cm [34 cm] Gesamth. nur diese 20 M. [22 M.] auf der Nadel lassen, alle übrigen M. abketten. Noch 1,5 cm im Rippenmuster arbeiten, die M. abketten.

Vorderteil: Bis 27 cm [29 cm] Gesamth. genau wie das Rückenteil arbeiten. Dann für den Halssausschnitt die mittl. 14 M. abketten und zunächst die rechte Schulter beenden. Dabei weiter in jeder 2. R. 1mal 3 M., 2mal 2 M. und 2mal 1 M, in 32 cm [34 cm] Gesamth. die übrigen 20 M. [22 M.] abketten. Die linke Schulter gegengleich beenden. Dabei in 30,5 cm [32,5 cm] Gesamth. im Rippenmuster weiterstricken. In 32 cm [34 cm] Gesamth. gleichmäßig verteilt 2 Knopflöcher einarbeiten (s. Schnittschema), d. h. jeweils 2 M. zus. stricken, 1 Umschl. aufnehmen. Noch 1,5 cm im Rippenmuster arbeiten, die M. abketten.

Ärmel: 36 M. [38 M.] mit Nadeln Nr. 2,5 in Natur anschlagen und für das Bündchen 5 cm im Rippenmuster stricken. Dann mit Nadeln Nr. 3 im Grundmuster weiterarbeiten. Dabei insgesamt 15mal abwechselnd in jeder 2. und 4. R. und noch 3mal in jeder 2. R. [7mal in jeder 4. R. und noch 12mal abwechselnd in jeder 2. und 4. R.] beidseitig je 1 M. zunehmen. Gleichzeitig die beiden Zackenmuster im gleichen Prinzip und jeweils in der gleichen Höhe wie beim Rücken- und Vorderteil einstricken. Anschließend in Mint weiterarbeiten. In 22 cm [26cm] Gesamth. die M. abketten. Den zweiten Ärmel genauso stricken.

Ausarbeitung: Die rechte Schulternaht schließen. Für die Blende aus dem Halsauschnitt und den schmalen Kanten der Verschlußleisten 84 M. mit Nadeln Nr. 2,5 in Mint herausstricken und im Rippenmuster arbeiten. Dabei in 1 cm Höhe noch 1 Knopfloch einstricken. In 2 cm Höhe die M. abketten. Die Seiten- und Ärmelnähte schließen. Die Verschlußleisten entspr. übereinanderlegen und die Ärmel einnähen. Die Knöpfe annähen.

Größe 74 bis 86

Richtig für die ersten Schritte

Die Zeit läuft: Jetzt stehen die Kleinen bereits auf eigenen Füßen oder gehen bald auf Entdeckungsreise. Da sind praktische Dinge wie Overall, Strickjacke, Wendehose oder Spielanzug (mit Sonnenhut) angesagt – lauter nützliche Sachen, die was aushalten! Und hübsche Kleider, denn die sehen in diesem Alter besonders niedlich aus.

Stark für Zwerge

Größe 74

Das Baby wird größer, es kann vielleicht schon sitzen, dreht sich um seine eigene Achse, greift nach allem möglichen und fängt an, die Welt zu entdecken. Ein süßes Alter – aber auch eine Zeit, in der besonders viele Anziehsachen schmutzig gemacht werden. Da bieten sich dunklere Farben und kleine Muster an, bei denen man nicht gleich jeden Fleck sieht! So wie bei diesem Anzug mit Zwergenmuster. Passend dazu können Sie ein Hemd und eine Trägerhose nähen (siehe S. 47).

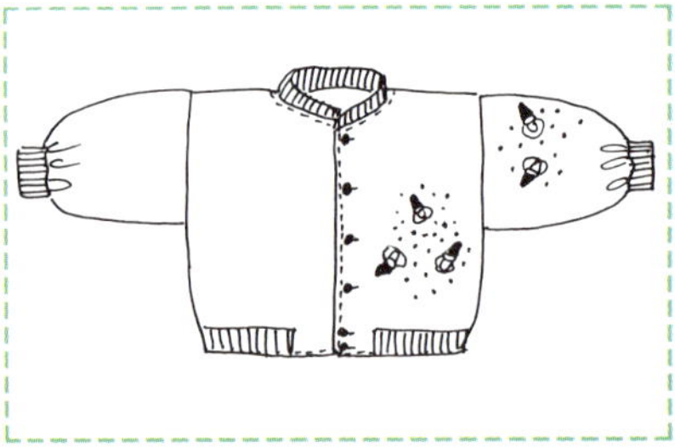

Die Blousonjacke hat eingesetzte Ärmel, ist wattiert und hat an Saum und Halsausschnitt (fertiggekauftes) Rippenbündchen als Abschluß.

Das brauchen Sie: 0,70 m gemusterten Baumwollstoff in Schwarz und Rot, je 140 cm breit; 0,65 m Volumenvlies, 140 cm breit; 0,60 m Rippenbündchen, 10 cm breit; 6 Nähfrei-Druckknöpfe oder Knebelknöpfe.

Schnitteile

Fig. 47 Vorderteil
Fig. 48 Rückenteil
Fig. 49 Ärmel
Fig. 50 Kragen

Schnittlinie rot/Bogen A

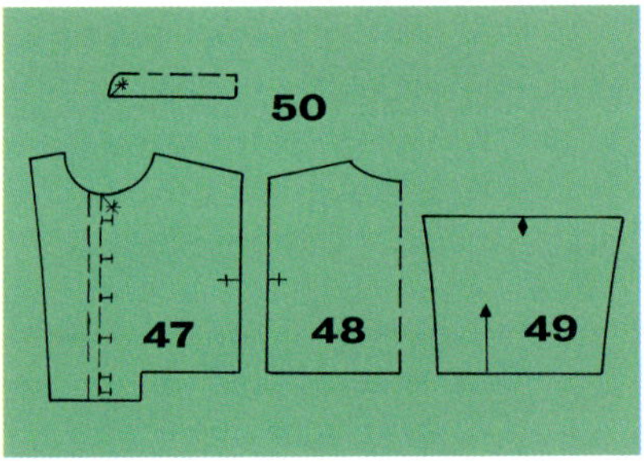

So wird's gemacht: Alle Jackenteile aus beiden Stoffen und dem Vlies mit 1 cm Nahtzugabe zuschneiden. Den Kragen aus Rippenbündchen zuschneiden. Für die Ärmelbündchen zwei Stücke 16 cm lang und für den Saumabschluß ein Stück 50 cm lang aus Rippenbündchen zuschneiden. Das Vlies unter den Oberstoff heften. Die Schulternähte schließen. Die Ärmel einsetzen. Seiten- und Ärmel-

Bedeckte Farben, niedliche Muster und schon fast „erwachsene" Schnitte: der ideale Anzug fürs Krabbelalter!

nähte in einem Rutsch schließen. Ärmelkanten einkräuseln, das Rippenbündchen in den Bruch legen und an den Oberstoff nähen (dabei ein bißchen dehnen). Beide Jacken an den Ärmelkanten rechts auf rechts zusammensteppen (das Rippenbündchen zeigt nach innen). Die vorderen Kanten beider Jacken miteinander verstürzen, den Kragen am Halsausschnitt zwischenfassen. Den vorderen Saum zeichengemäß bis zur Ansatzstelle für das Rippenbündchen verstürzen. Jacke wenden, knappkantig absteppen. Das Rippenbündchen für den Saum in den Bruch legen, das kurze Stück senkrecht an das Vorderteil steppen, die Ecke einschneiden und das lange Stück an den Jackensaum nähen (Rippenbündchen dabei etwas dehnen). Am schönsten sieht's aus, wenn Sie das Bündchen an den Oberstoff steppen und das Futter mit der Hand dagegensäumen. Drucker zeichengemäß einstanzen oder Knopflöcher sticken und Knöpfe annähen.

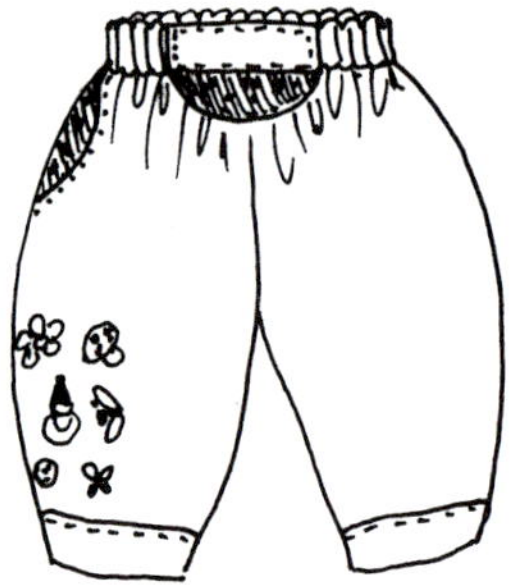

Die Wendehose kann von beiden Seiten getragen werden. Das macht beim Nähen nicht viel mehr Arbeit und zahlt sich später bestimmt aus!

→ Tip: Wenn Sie befürchten, daß die Bundhose beim Krabbeln wegrutscht: einfach Träger drannähen!

Das brauchen Sie: 0,50 m gemusterten Baumwollstoff in Bunt und Schwarz, je 140 cm breit; einen Rest roten Stoff für Taschen und Lasche; 50 cm Gummiband, 2 cm breit.

Schnitteile

Fig. 51 vord. Hosenteil
Fig. 52 rückw. Hosenteil
Fig. 53 Zierlasche

Schnittlinie rot /Bogen A

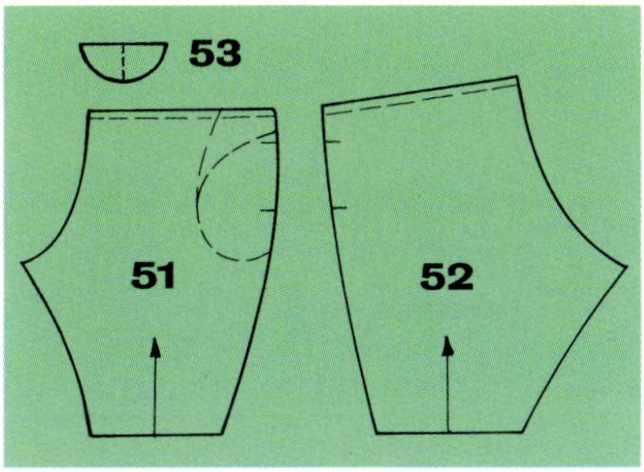

So wird's gemacht: Das vordere und das rückwärtige Hosenteil je zweimal aus beiden Stoffen zuschneiden. Die Taschenbeutel aus dem Schnitt herauskopieren und je zweimal aus rotem Stoff zuschneiden. Das Bündchen 52 cm lang und 8 cm breit und das vordere glatte Einsatzstück 12 cm lang und 8 cm breit aus dem bunten Stoff, die Zierlasche je zweimal aus dem roten Stoff zuschneiden – alles mit 1 cm Nahtzugabe. Zunächst jede Hose einzeln arbeiten: Das linke Hosenteil mit dem kleinen Taschenbeutel verstürzen, knappkantig absteppen. Den großen Taschenbeutel darunterschieben und die Taschenbeutel schließen. Die Seiten- und die Schrittnähte steppen. Das Bündchen in den Bruch bügeln, einen Tunnel steppen und das Gummiband einziehen, an beiden Enden festheften. Mit dem Einsatzstück zum Ring schließen. Die Hosenteile an der vorderen Mitte zeichengemäß einkräuseln. Beide Hosen an der Oberkante miteinander verstürzen, dabei das Bündchen zwischenfassen (Einsatzstück sitzt vorn in der Mitte). Das Bündchen dehnen und die Hosenweite einhalten. Die inneren Hosenbeinnähte schließen. Die Hosenbeinsäume 1 cm breit gegeneinanderkippen und knappkantig absteppen. Die roten Zierlaschen rundherum verstürzen und schmal absteppen. Außen und innen an den Hosenbund nähen.

Die Trägerhose ist wie die Wendehose extra weit und hat vorn einen lustigen kleinen Einsatz.

Diese Hose rutscht garantiert nicht, denn die Träger sind extra breit.

→ Tip: Wenn die Hose anfangs noch etwas zu lang ist, können Sie Gummiband in die Beinbündchen ziehen!

Das brauchen Sie: 0,50 m roten Baumwollstoff, 140 cm breit; einen Rest gemusterten Baumwollstoff für den Einsatz. 50 cm Gummiband, 2 cm breit; 40 cm Rippenbündchen, 10 cm breit; 2 Nähfrei-Drucker.

Schnitteile

Fig. 54 vord. Hosenteil
Fig. 55 rückw. Hosenteil
Fig. 56 Einsatz

Schnittlinie rot/Bogen A

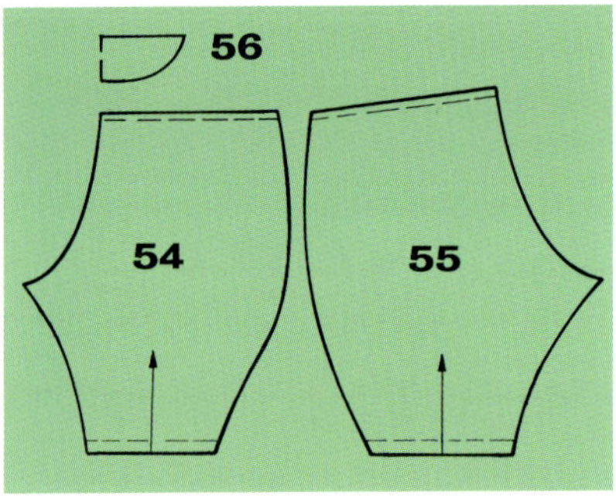

So wird's gemacht: Die Hosenteile je zweimal zuschneiden. Vier Träger 45 cm lang und 7 cm breit, das Bündchen 52 cm lang und 8 cm breit zuschneiden. Den Einsatz zweimal aus dem Stoffrest zuschneiden. Das Rippenbündchen in zwei Stücke teilen. Die Träger verstürzen, eine Schmalseite schließen. Den Einsatz verstürzen, alles schmal absteppen. Die Seitennähte schließen, die Nähte knappkantig absteppen. Die Schrittnähte und die inneren Beinnähte schließen. Das Bündchen in den Bruch bügeln, einen Tunnel steppen, das Gummiband einziehen, an den beiden Enden festheften und an die Hose nähen (dabei dehnen). Das vordere Stück der Hose offen lassen und einkräuseln. Den Einsatz flach daraufstecken und knappkantig feststeppen, dabei auch die Bündchenenden befestigen. Die Träger vorne am Latz v-förmig annähen (Länge eventuell überprüfen). Hinten am Bund und an den Trägern die Drucker einstanzen. Die Rippenbündchen zum Ring schließen, in den Bruch legen und an die Hosenbeine nähen.

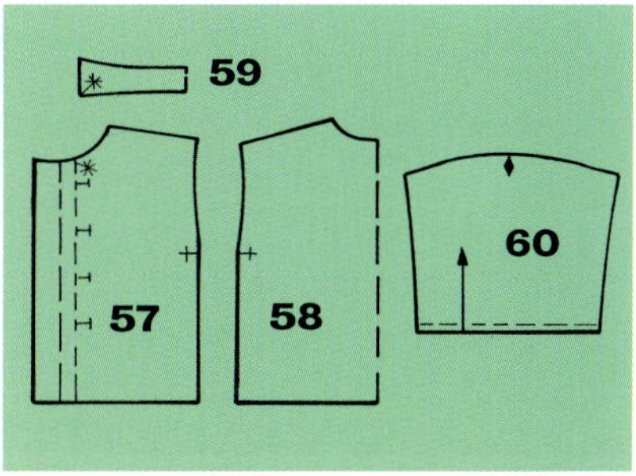

Das Hemd ist überzeugend einfach geschnitten und praktisch zum Kombinieren. Am besten gleich aus mehreren Stoffen nähen, die zum Anzug passen!

Das brauchen Sie: 0,80 m gemusterten Baumwollstoff, 90 cm breit; 4 Nähfrei-Drucker oder Knöpfe.

Schnitteile
Fig. 57 Vorderteil
Fig. 58 Rückenteil
Fig. 59 Kragen
Fig. 60 Ärmel

Schnittlinie rot/Bogen A

So wird's gemacht: Alle Teile mit 1 cm Nahtzugabe zuschneiden. Für die Ärmelbündchen zwei Streifen 18 cm lang und 6 cm breit zuschneiden. Die Schulternähte schließen, Ärmel einsetzen. Seiten- und Ärmelnähte in einem Rutsch schließen. Die Außenkanten des Kragens verstürzen und knappkantig absteppen. Die vorderen Belege verstürzen. Den Kragen zeichengemäß in den Halsausschnitt steppen. Die Ärmelsäume einkräuseln, Bündchen an den Schmalseiten verstürzen, in den Bruch bügeln und an die Ärmel setzen. Alle Kanten absteppen, Bluse säumen und die Drucker zeichengemäß einstanzen oder das Hemd mit Knopflöchern und Knöpfen schließen.

Blume trifft Streifen

Größe 80

Muster- und Stilmix für die Kleinen: Der Streifenanzug erinnert an den Matrosen-Look, ist aber ganz locker mit Blumenstoff kombiniert. Jacke und Hose stehen Jungen und Mädchen gleich gut und passen einzeln auch zu anderen Sachen. Die Latzhose zeigt sich auf S. 52 in voller Schönheit.

Die Jacke ist doppelreihig geknöpft und ganz mit Blumenstoff gefüttert. Die feinen grünen Paspeln an den Kanten von Kragen und Ärmeln passen farblich zu den Blumen und zum grünen Hosenfutter.

Das brauchen Sie: 0,80 m Streifenstoff, 90 cm breit; 1 m Blumenstoff, 90 cm breit; 1 m schmale, grüne Paspelstreifen, 4 Knöpfe.

Schnittteile
Fig. 61 Vorderteil
Fig. 62 Rückenteil
Fig. 63 Ärmel
Fig. 64 Matrosenkragen

Schnittlinie rot/Bogen A

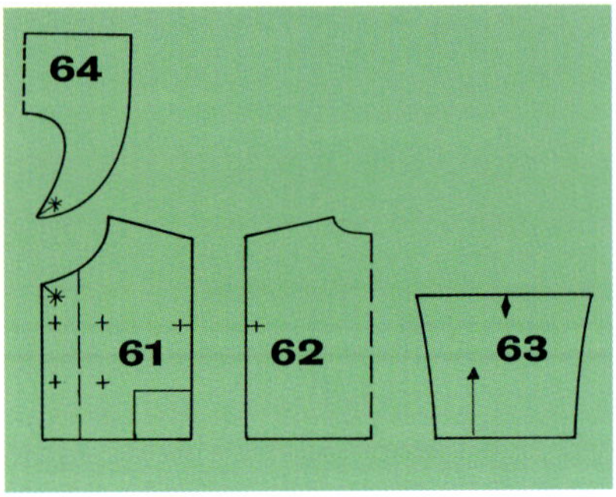

So wird's gemacht: Jackenteile und Kragen aus beiden Stoffen mit 1 cm Nahtzugabe zuschneiden. Die Taschen aus dem Schnitt herauskopieren und zweimal aus Streifenstoff mit 1 cm Nahtzugabe zuschneiden. Den Paspelstreifen an den Oberkragen steppen. Kragenteile an den Außenkanten rechts auf rechts zusammennähen, wenden und knappkantig absteppen. Schulternähte schließen. Die Ärmel einsetzen. Den Paspelstreifen an die Ärmelkanten vom Streifenstoff nähen. Die Taschen an der Oberkante 2 cm breit verstürzen, 1 cm breit umkippen und knappkantig auf die Streifenjacke steppen. Die Jacken am Halsausschnitt verstürzen, dabei den Kragen zwischenfassen. Die Jacken an den Ärmelkanten rechts auf rechts zusammensteppen. Seiten- und Ärmelnähte in einem Rutsch schließen. Rundherum verstürzen, am Rücken beginnen und ca. 10 zum Wenden offen lassen.

Sommerlich und frisch anzusehen: ein Anzug, bei dem sportliche Streifen und romantische Blumen zusammenkommen.

Nach dem Wenden die Jacke schmal absteppen. Die Knopflöcher zeichengemäß einarbeiten und die Knöpfe annähen.

Diese Latzhose sitzt perfekt durch die breiten Träger.

→ Tip: Das Blumenhemd können Sie nach dem Schnitt vom Hemd auf S. 49 nähen.

Die Latzhose ist doppelt gearbeitet, dadurch guckt das grüne Futter beim Umkrempeln an den Hosenbeinen hervor. Passend dazu: der grüne, abgerundete Latz und die grünen Taschenbeutel.

Das brauchen Sie: 1 m Streifenstoff, 90 cm breit; 1,50 m grünen Baumwollstoff, 90 cm breit; 2 Nähfrei-Drucker.

Schnitteile

Fig. 65 vord. Hosenteil
Fig. 66 rückw. Hosenteil
Fig. 67 Latz
Fig. 68 Träger
Fig. 69 Bündchen

Schnittlinie rot /Bogen A

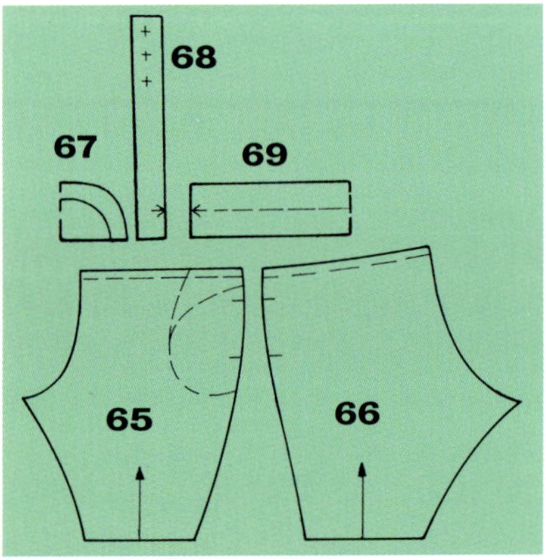

So wird's gemacht: Die Hosenteile je zweimal aus beiden Stoffen zuschneiden. Die Taschenbeutel aus dem Schnitt herauskopieren und je zweimal aus dem grünen Stoff zuschneiden. Den großen Latz einmal aus dem grünen Stoff zuschneiden – alles mit 1 cm Nahtzugabe. Das Bündchen einmal und die Träger viermal mit 1 cm Nahtzugabe zuschneiden. Den kleinen Latz aus dem Latzschnitteil herauskopieren und einmal aus dem Streifenstoff (quer zum Fadenlauf) mit 1 cm Nahtzugabe zuschneiden. Die Träger verstürzen, eine Schmalseite schließen, schmal absteppen (Länge eventuell überprüfen). Den großen Latz und den kleinen Latz einzeln verstürzen, den kleinen Latz schmalkantig auf den großen steppen. Zunächst jede Hose einzeln arbeiten: Bei der Streifenhose die Vorderteile mit den kleinen Taschenbeuteln verstürzen, knappkantig absteppen. Die großen Taschenbeutel darunterschieben und die Taschenbeutel schließen. Die Seiten- und Schrittnähte steppen. Bei der grünen Hose die Seiten- und Schrittnähte schließen. Beide Hosen an den Hosenbeinkanten verstürzen, die inneren Beinnähte in einem Rutsch schließen. Die Hosen ineinanderschieben und an der Oberkante zusammenheften. Das Streifenbündchen in den Bruch bügeln, einen Tunnel steppen und das Gummiband einziehen, an beiden Enden festheften. Das Bündchen in gleichmäßigen Abständen dreimal durchsteppen, dabei entsprechend dehnen und von x bis x an die Hose steppen (ebenfalls dehnen). Das vordere Stück der Hose einkräuseln. Den Latz auf die Träger steppen, die Unterkante 1 cm breit umbügeln und von rechts knappkantig auf die Hose steppen. Die Träger seitlich am Bündchen befestigen. Hinten am Bund und an den Trägern die Drucker einstanzen.

Die Mütze ist eine Mischung aus Basken- und Seglermütze. Sie wird aus vier Kopfteilen zusammengesetzt, hat ein Bündchen und einen kleinen Schirm.

Das brauchen Sie: 0,40 m gestreiften Baumwollstoff, 90 cm breit; 0,10 m Vilexit (Einlage zum Aufbügeln).

Schnitteile

Fig. 70 Kopfteil

Fig. 71 Schirm

Schnittlinie rot/Bogen A

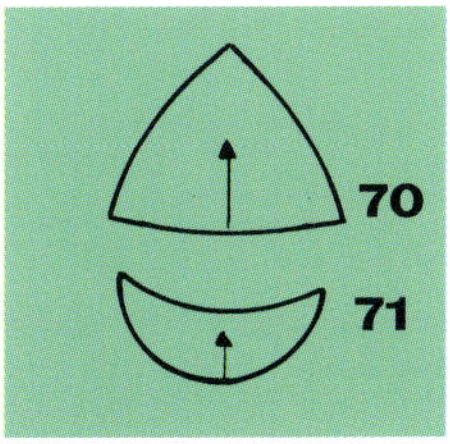

So wird's gemacht: Das Kopfteil je viermal, den Schirm je zweimal mit 1 cm Nahtzugabe zuschneiden. Zwei Bündchen 4 cm breit und 48 cm lang zuschneiden. Mützennähte schließen. Die Schirmhälften mit Vilexit versteifen und verstürzen. Die Bündchen zum Ring schließen, an den Außenkanten verstürzen, dabei den Schirm mitfassen. Die Unterkanten der Kopfteile einkräuseln, das Bündchen ansetzen. Eventuell hinten mit Gummiband einhalten, damit die Mütze nicht rutscht.

Sommerkleid mit Volants

Größe 80

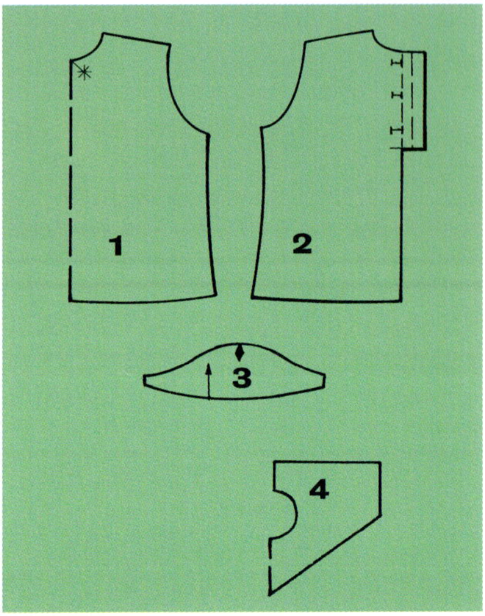

Ein Sommerkleid zum Verlieben, rundherum luftig und bequem. Mit großen Mohnblumen auf weißem Grund sieht das Kleid besonders schön aus – es kann aber auch aus einfarbigen oder kleingemusterten Stoffen genäht werden. Die Schleife (im Volksmund auch „Butterlecker“ genannt) ist nur zur Zierde angenäht.

Das Kleid hat einen einfachen Hängerschnitt mit weiten Flügelärmeln, angekrausten Volants und einen großen Kragen, der vorne rund und hinten eckig ist. Kragen und Volants sind mit schmalen, grünen Paspelstreifen besetzt.

Das brauchen Sie: 1 m Blumenstoff, 140 cm breit; 4 m schmale, grüne Paspelstreifen; 3 Knöpfe.

Schnitteile

Fig. 1 Vorderteil
Fig. 2 Rückenteil
Fig. 3 Ärmel
Fig. 4 Kragen

Schnittlinie schwarz/Bogen B

Große Blumen auf weißem Grund und schwingende Volants: In so einem Sommerkleid machen Mädchen gern ihre ersten Schritte!

So wird's gemacht: Vorderteil und Rückenteile je einmal mit 1 cm Nahtzugabe zuschneiden. Den Kragen und die Ärmel zweimal mit 1 cm Nahtzugabe zuschneiden. Die Ärmelblenden aus dem Schnitt herauskopieren und zweimal mit 1 cm Nahtzugabe zuschneiden. Den oberen Volant 140 cm lang und 10 cm breit, den unteren Volant 140 cm lang und 22 cm breit zuschneiden (inklusive 1 cm Nahtzugabe). Die Schleife 25 x 10 cm im schrägen Fadenlauf zuschneiden. Den Paspelstreifen an den Oberkragen steppen. Kragenteile an den Außenkanten rechts auf rechts zusammennähen, wenden und knappkantig absteppen. Schulternähte schließen. Die Ärmelblenden rechts auf rechts an die Ärmelkanten steppen, wenden und knappkantig und 3 cm breit absteppen. Die Ärmel zeichengemäß einsetzen. Die Belege am Rückenteil bis zum Kragenansatz verstürzen und umbügeln. Den Kragen in den Halsausschnitt steppen, die Nahtzugabe schmal zurückschneiden, abkanteln (oder mit einem schmalen Schrägstreifen versäubern) und von rechts knappkantig feststeppen. Seiten- und Ärmelnähte in einem Rutsch schließen. Die Paspelstreifen rechts auf rechts an die unteren Volantkanten nähen, umbügeln und von rechts absteppen. Die Volants an der Oberkante einkräuseln. Aufeinandersteppen und gemeinsam an das Oberteil nähen. Dabei Ober- und Untertritt am Rückenteil übereinanderlegen. Die Knopflöcher zeichengemäß einarbeiten und die Knöpfe annähen. Die Schleifenteile verstürzen, wenden und knappkantig absteppen. Einen 5 x 5 cm großen Stoffstreifen auf 2 cm Breite zusammenfalten und die Schleife damit in der Mitte zusammenhalten. Schleife mit ein paar Stichen an der vorderen Kragenmitte befestigen.

Matrosenkleid mit Mütze

Größe 80

Dieses Kleid setzt eine lange Tradition fort: Schon im letzten Jahrhundert war der Matrosen-Look als Kinderkleidung sehr beliebt. Heute sieht das Ganze allerdings etwas lockerer aus, und die maritimen Details sind ganz unverbindlich: Kragen und Matrosenmütze werden extra genäht, und die Litzen müssen auch nicht sein! Ohne diese Garnitur bleibt ein ganz normaler Kleiderschnitt übrig, der sich für jeden Stoff eignet – auch für gemusterten.

Das Kleid hat einen einfachen Hängerschnitt mit kurzer Passe und angekraustem Rock, der nur hinten eine Naht hat.

Das brauchen Sie: 0,60 m marineblauen Baumwollstoff, 140 cm breit; einen Rest Futterstoff für die Passe; 4 m schmale, weiße Litze; 2 Knöpfe.

Schnitteile

Fig. 5 Vorderpasse
Fig. 6 Rückenpasse
Fig. 7 Rock
Fig. 8 Ärmel

Schnittlinie schwarz/Bogen B

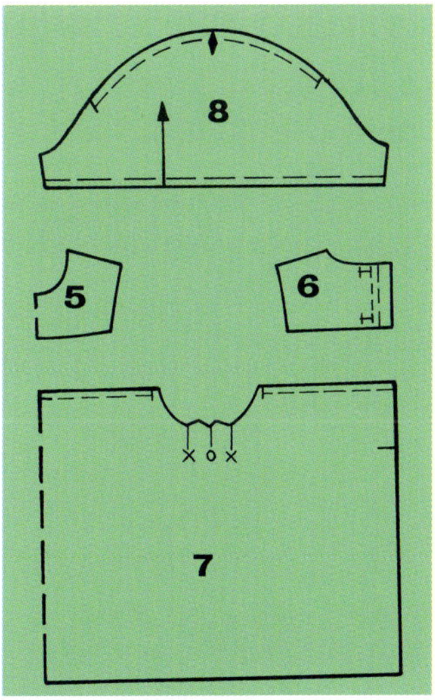

Frische Brise für kleine Mädchen: ein leichtes Kleid mit Zubehör im Matrosen-Look.

So wird's gemacht: Vorder- und Rükkenpasse aus Ober- und Futterstoff mit 1 cm Nahtzugabe zuschneiden, die Ärmel mit 1 cm Nahtzugabe. Für die Ärmelbündchen zwei Streifen 20 cm lang und 10 cm breit zuschneiden. Am Rock in der hinteren Mitte 3 cm Nahtzugabe und 4 cm Saumzugabe zugeben. Die rückwärtige Naht im Rock schließen, Ober- und Untertritt einbügeln. Die Oberkante des Rocks einkräuseln. Die Kellerfalte unterhalb des Armausschnitts x auf o einlegen und festheften. Die Schulternähte in den Passen schließen. Oberstoff und Futter am Halsausschnitt verstürzen, knappkantig absteppen. Passenkanten aufeinanderheften. Rockteil an die Passen nähen, Nahtzugaben nach oben bügeln und von rechts knappkantig absteppen. Ärmelkanten einkräuseln. Ärmelbündchen in den Bruch bügeln, zweimal Litze mit je 0,7 cm Abstand aufsteppen. Ärmelbündchen an die Ärmel steppen, Ärmelnähte schließen. Armkugeln einkräuseln und die Ärmel einsetzen. Ober- und Untertritt am Rückenteil umbügeln, knappkantig absteppen. Die Knopflöcher zeichengemäß einarbeiten und die Knöpfe annähen. Das Kleid säumen, dabei die Litze aufsteppen.

Das Kleid steht auch dunkelhaarigen Mädchen gut.

Der Matrosenkragen wird extra genäht – dann kann man ihn nach Belieben einsetzen.

Das brauchen Sie: 0,40 m weißen Baumwollstoff, 90 cm breit; 2 m schmale, blaue Litze; 0,30 m blaues Taftband.

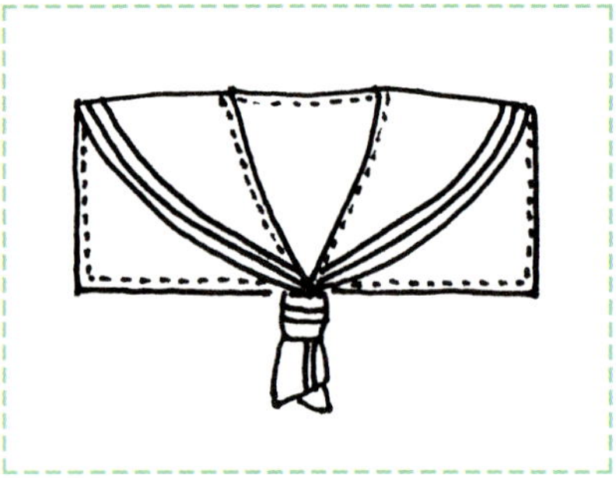

Schnitteile

Fig. 9 Matrosenkragen

Schnittlinie schwarz/Bogen B

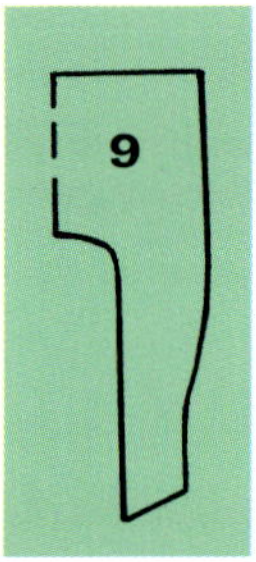

So wird's gemacht: Den Kragen doppelt mit 1 cm Nahtzugabe zuschneiden. Rundherum verstürzen (ca. 8 cm zum Wenden offen lassen). Die Litze aufsteppen. Vorn mit dem Taftband zusammenhalten.

Die Matrosenmütze besteht aus einem Kreis und einem Ring, an den das Bündchen angesetzt wird. Ein Gummizug sorgt für den perfekten Sitz. Sieht in Weiß und Blau gut aus!

Das brauchen Sie: 0,50 m weißen Baumwollstoff, 90 cm breit; 1 m blaue Litze; ca. 10 cm schmales Gummiband oder Hutgummi; 0,35 m blaues Taftband.

So wird's gemacht: Einen ganzen Kreis und einen 5 cm breiten Ring, beides im Durchmesser von 26 cm, zuschneiden. Kreis und Ring an den Außenkanten verstürzen. Nahtzugaben vom Kreis knappkantig absteppen. Für den Hutrand einen 6 cm breiten und 46 cm langen Streifen zuschneiden, zum Ring schließen, in den Bruch bügeln und an die Innenkante vom Ring setzen. Litze aufnähen. Hinten nach Bedarf mit dem Gummiband oder etwas Hutgummi einhalten, bis der Hut perfekt sitzt. Zum Schluß die Mitte vom Taftband auf den Hutrand nähen.

Karokleid mit Bindeband

Größe 80

Modischer Karo-Mix für ein niedliches Kleid, das aber nicht feingemacht aussieht. Wenn Geschwister gern ähnlich angezogen sind: Es paßt zu Karo-Overall und Weste von Seite 64.

Das Kleid hat weite Puffärmel und wird vorn durchgeknöpft. Die Bindebänder regulieren geschickt die Weite.

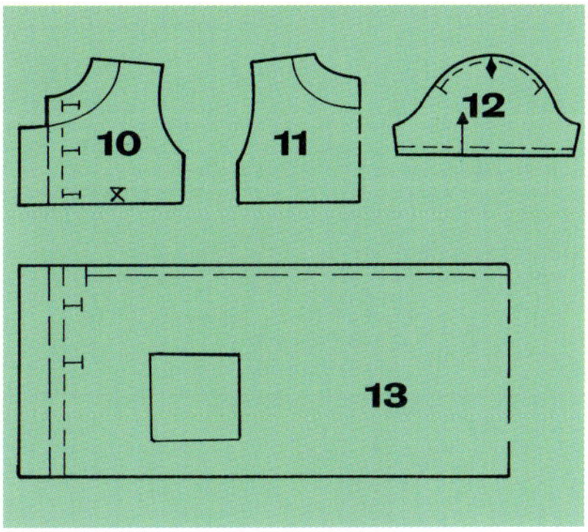

Das brauchen Sie: 0,60 m großkarierten Baumwollstoff, 140 cm breit; 0, 30 m kleinkarierten Baumwollstoff, 90 cm breit; 5 Knöpfe.

Schnitteile

Fig. 10 Vorderteil mit Blende
Fig. 11 Rückenteil mit Blende
Fig. 12 Ärmel
Fig. 13 vord. und rückw. Rockteil

Schnittlinie schwarz/Bogen B

So wird's gemacht: Blenden und Tasche aus dem Schnitt herauskopieren und je zweimal aus kleinkariertem Stoff zuschneiden. Zwei Bänder 4 x 40 cm und ein Band 4 x 100 cm aus dem kleinkarierten Stoff zuschneiden. Vorderteile und Rückenteil, die Ärmel und den Rock aus großkariertem Stoff zuschneiden – alles mit 1 cm Nahtzugabe. Außerdem zwei 22 cm lange und 7 cm breite Ärmelblenden aus dem großkarierten Stoff zuschneiden. Die Schulternähte in den Blenden schließen, die Blenden am Halsausschnitt rechts auf rechts steppen, die Nahtzugaben einknipsen, wenden und schmal absteppen. Die Schulternähte vom Kleid schließen, die obere Blende 1 cm breit umbügeln und knappkantig auf das Oberteil steppen. Die un-

Ein praktisches Kleid für alle Tage mit runder Blende, aufgebauschten Ärmeln und Bindeband.

tere Blende über die Nahtzugabe schieben, feststecken und von rechts „im Schatten“ der Naht durchsteppen. Das heißt: Die Stepplinie ganz dicht an die Kante der Blende legen. Die Armkugeln einkräuseln und an das Kleid steppen. Die Ärmelkanten einkräuseln, die Ärmelblenden in den Bruch bügeln und an die Ärmelkanten steppen. Die Ärmel- und Seitennähte in einem Rutsch schließen. Die Taschen an der Oberkante 2 cm breit verstürzen, die anderen Kanten 1 cm breit umkippen, dann die Taschen auf den Rock steppen. Die Oberkante vom Rock einkräuseln und an das Oberteil nähen. Von rechts knappkantig absteppen. Die vorderen Belegkanten umbügeln und knappkantig absteppen. Die Bänder an beiden Seiten schmal säumen. Die kurzen Bänder zeichengemäß auf die Vorderteile nähen. Die Mitte des langen Bandes auf der rückwärtigen Mitte und zusätzlich an den Seitennähten befestigen. Das Kleid zeichengemäß mit Knöpfen und Knopflöchern versehen und säumen.

→ Tip: Das Kleid sieht auch in kleingeblümten oder einfarbigen Stoffen gut aus. Variation im Marine-Look: dunkelblau mit weißen Blenden!

Damit die Bindebänder nicht verrutschen: einmal in der Mitte und seitlich feststeppen!

Karo-Overall und Weste

Größe 86

Zünftig wie die Großen: ein lässig-weiter durchgehender Overall mit einer Weste als modischem I-Tüpfelchen. Alles munter gemixt mit großen und kleinen Karos. Mit dem Kleid von Seite 62 eine lustige Idee für Geschwister.

Der Karo-Overall hat eine gerade Passe, ist ärmellos und hat extra weite Hosenbeine, die mit Bündchen zusammengehalten werden.

Das brauchen Sie: 0,75 m großkarierten Baumwollstoff, 140 cm breit; 0,25 m weißen Baumwollstoff (oder Reste) als Passenfutter, 90 cm breit; einen Rest kleinkarierten Baumwollstoff; 4 Knöpfe.

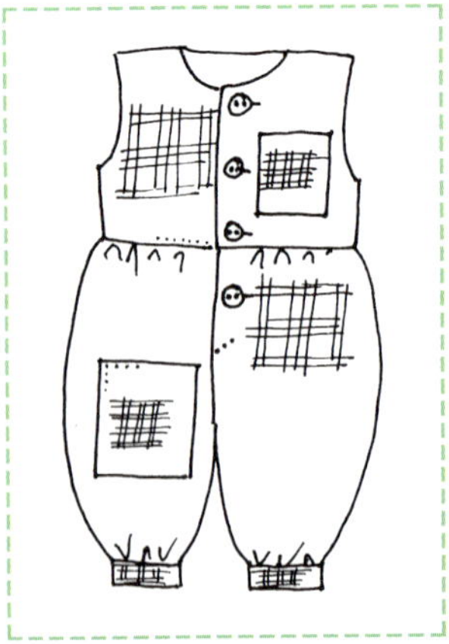

Schnitteile

Fig. 14 vord. Passe
Fig. 15 rückw. Passe
Fig. 16 vord. Hosenteil
Fig. 17 rückw. Hosenteil

Schnittlinie schwarz/Bogen B

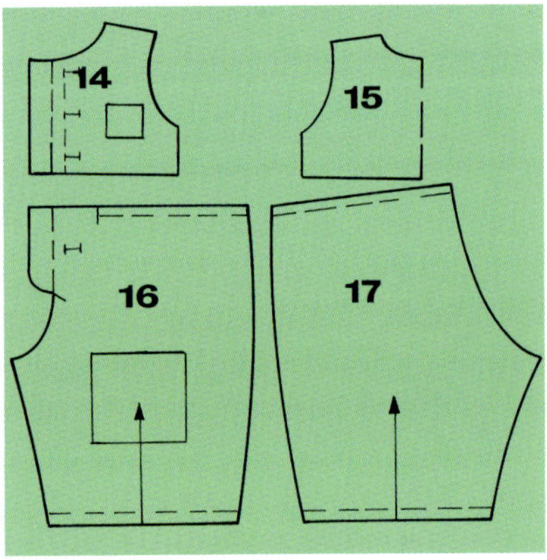

So wird's gemacht: Passen- und Hosenteile aus dem großkarierten Stoff mit 1 cm Nahtzugabe zuschneiden. Die Passenteile außerdem aus dem weißen Stoff (= Futter). Für die Hosenbeinbündchen zwei Streifen 24 cm lang und 7 cm breit zuschneiden. Die kleine Tasche und die große Tasche aus dem Schnitt herauskopieren und mit 1 cm Nahtzugabe zuschneiden. Die Schulternähte schließen, den Halsausschnitt verstürzen und knappkantig absteppen. Die Armausschnittkanten verstürzen. Die Sei-

Mit dieser Kombination kann's losgehen: ab in die Sandkiste oder auf die Spielwiese.

tennähte in Oberstoff und Futter in einem Rutsch schließen. Armausschnittkanten schmal absteppen. Bei der Hose die vordere Schrittnaht bis zum Schlitzzeichen schließen. Dann die rückwärtige Schrittnaht und die Seitennähte schließen. Die oberen Hosenkanten einkräuseln, an die Passe nähen, von rechts knappkantig absteppen. Die Belege an der vorderen Mitte umbügeln und Ober- und Untertritt knappkantig absteppen. Die Taschen an der Oberkante 1,5 cm breit verstürzen, absteppen, rundherum 1 cm breit umbügeln und knappkantig auf den Overall steppen. Die Hosenbeinbündchen in den Bruch bügeln. Die Hosenbeinkanten einkräuseln und die Bündchen ansetzen. Die inneren Beinnähte in einem Rutsch schließen. Die Knopflöcher zeichengemäß einsticken und die Knöpfe annähen.

→ Tip: Wer will, kann statt des Anzugs auch eine Latzhose (außen groß-, innen kleinkariert) nähen, siehe Zeichnung und Titelbild. Den Schnitt dafür finden Sie bei der Streifenhose auf Seite 52 (Hosenbeinlängen prüfen!).

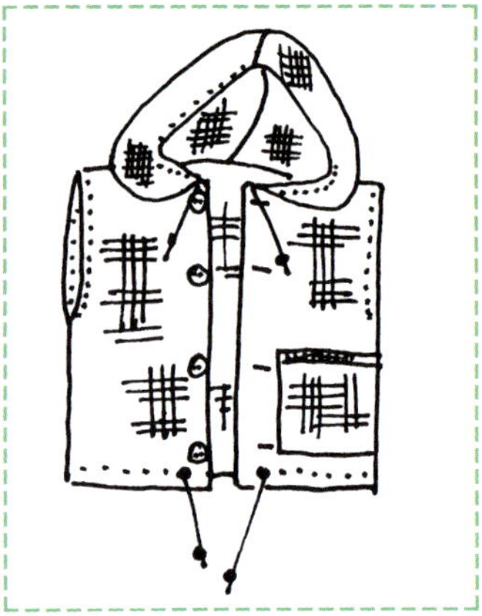

Die Weste hat eine Kapuze und hält Schultern und Rücken warm. Das praktische Stück paßt auch über langärmelige T-Shirts oder Blusen.

→ Tip: Dieser Schnitt eignet sich auch für Jeans- oder Flauschstoffe.

Das brauchen Sie: 0,50 m großkarierten Baumwollstoff, 140 cm breit; 0,35 m kleinkarierten Baumwollstoff, 90 cm breit. 4 Knöpfe; 80 cm Kordel.

Schnitteile

Fig. 18 Vorderteil
Fig. 19 Rückenteil
Fig. 20 Kapuzenteil

Schnittlinie schwarz/Bogen B

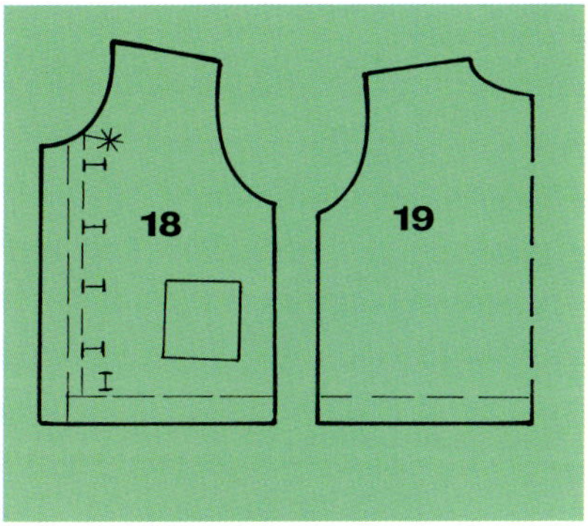

So wird's gemacht: Vorder- und Rückenteil sowie zwei Taschen 12 x 12 cm aus dem großkarierten Stoff zuschneiden. Die Saumbelege aus dem Schnitt herauskopieren und aus dem großkarierten Stoff zuschneiden. Die Kapuzenteile aus kleinkariertem Stoff zuschneiden – alles mit 1 cm Nahtzugabe. Außerdem aus dem kleinkarierten Stoff insgesamt 1,30 m Schrägstreifen, 3 cm breit, zuschneiden. Die Kapuzennaht schließen, je ein Knopfloch zeichengemäß einsticken. Die Kapuzenkante 1 cm breit umkippen und 3 cm breit säumen. Die Taschen an der Oberkante 1 cm breit mit dem Schrägstreifen einfassen, die anderen Kanten 1 cm breit umkippen und die Taschen auf die Weste steppen. Die Schulter- und Seitennähte der Weste schließen. Je zwei 35 cm lange Schrägstreifen in den Bruch bügeln, mit der offenen Kante rechts auf rechts an die Armausschnittkanten nähen, die Nahtzugaben schmal zurückschneiden und den Schrägstreifen auf der Innenseite der Weste 1 cm von der Kante entfernt feststeppen. Die Kapuze rechts auf rechts in den Halsausschnitt stecken. Einen 40 cm langen Schrägstreifen in den Bruch bügeln, über die Kapuze stecken (der Bruch zeigt nach außen) und alles zusammensteppen. Die Nahtzugaben schmal zurückschneiden, den Schrägstreifen darüberkippen und knappkantig feststeppen. Am Saum zeichengemäß die zwei Knopflöcher für den Kordeldurchzug einsticken. Die Saumbelege rechts auf rechts an den Saum nähen. Die vorderen Belege umbügeln, knappkantig absteppen. Die Saumkanten knappkantig und 3 cm breit absteppen, so daß ein Tunnel entsteht. Die Knopflöcher zeichengemäß in die vordere Mitte sticken. Knöpfe annähen, Kordel einziehen, die Enden verknoten.

Spielanzug mit Sonnenhut

Größe 80

Gerade im Baby-Alter ist ein Sonnenschutz besonders wichtig: So süß kleine Nackedeis am Strand auch aussehen mögen – bei kleinen Kindern reicht ein starker Sonnenbrand schon aus, um die Haut für immer zu schädigen! Nehmen Sie einen ganz leichten Stoff mit fröhlichem Muster – dann wird der Overall gern getragen.

Der Spielanzug hat eine gerade Passe, einen kleinen Stehkragen und extra weite Hosenbeine, die unten schmaler werden und gut umgekrempelt werden können.

Das brauchen Sie: 0,85 m leichten Baumwollstoff oder leichten Jersey, 140 cm breit; 6 Knöpfe oder Drucker.

Schnitteile

Fig. 21 vord. Passe
Fig. 22 rückw. Passe
Fig. 23 vord. und rückw. Hosenteil
Fig. 24 Ärmel
Fig. 25 Stehkragen

Schnittlinie schwarz/Bogen B

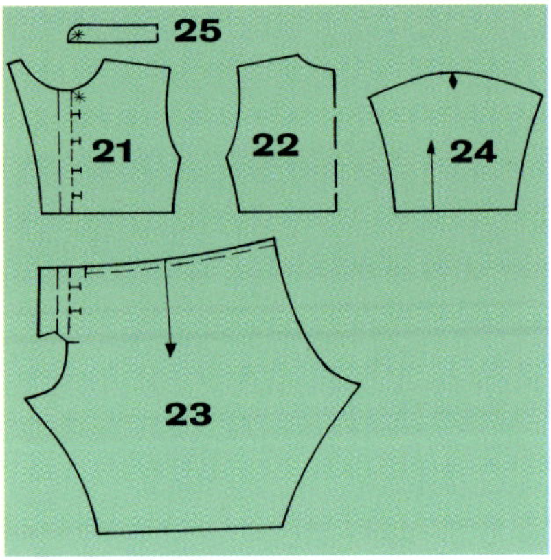

So wird's gemacht: Passen- und Hosenteile und die Ärmel mit 1 cm Nahtzugabe zuschneiden. An den Ärmelkanten 3 cm Saum, an den Hosenbeinen 6 cm Saum zugeben. Den Stehkragen zweimal mit 1 cm Nahtzugabe zuschneiden. Die Schulternähte schließen, den Stehkragen an den Außenkanten und die vorderen Belege am Halsausschnitt verstürzen. Die äußere Hälfte des Stehkragens an den Halsausschnitt nähen, die Nahtzugabe in den Kragen schieben, bei der inneren Hälfte des Stehkragens die Nahtzugabe umkippen und darübersteppen. Dabei gleich den gesamten Stehkragen knappkantig absteppen. Die Ärmel einsetzen. Die Nahtzugaben jeweils in den Ärmel bügeln und die Nähte von rechts absteppen. Seiten- und Ärmelnähte in einem Rutsch schließen. Ärmel 3 cm breit

Luftig, aber bedeckt: Das ist genau der richtige Sonnenschutz für empfindliche Babyhaut!

säumen, doppelt absteppen. Bei der Hose die vordere Schrittnaht bis zum Schlitzzeichen schließen. Die rückwärtige Schrittnaht schließen. Die Hosenbeine 5 cm breit säumen und doppelt absteppen. Die inneren Hosenbeinnähte in einem Rutsch schließen. Die oberen Hosenkanten einkräuseln, an die Passe nähen, von rechts doppelt absteppen. Die Belege an der vorderen Mitte umbügeln und Ober- und Untertritt knappkantig absteppen. Die Knopflöcher zeichengemäß einsticken und die Knöpfe annähen oder Drucker einstanzen.

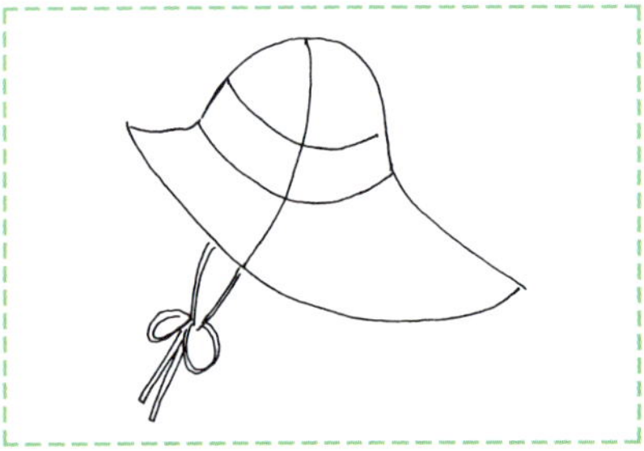

Der Hut erinnert an Südwester – schützt aber ausnahmsweise mal nicht vor Regen, sondern vor allzuviel Sonne – vor allem in der Nackenpartie! Er kann natürlich auch zur Badehose oder zu anderen Strandsachen aufgesetzt werden.

Das brauchen Sie: 0,25 m weißen Baumwollstoff, 140 cm breit; 80 cm Kordel; 1 Kordelhalter.

Schnitteile

Fig. 26 mittl. Kopfteil
Fig. 27 seitl. Kopfteil
Fig. 28 vord. Hutkrempe
Fig. 29 rückw. Hutkrempe

Schnittlinie schwarz/Bogen B

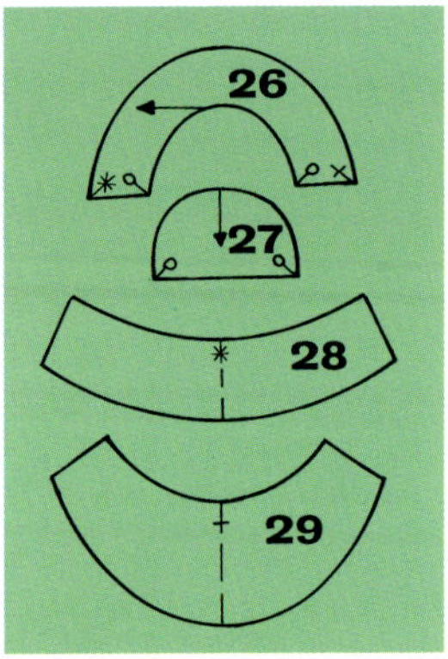

So wird's gemacht: Die Kopfteile und die Krempen je zweimal mit 1 cm Nahtzugabe zuschneiden. Die mittlere Kopfnaht und die seitlichen Kopfnähte schließen, nach innen kippen und von rechts knappkantig absteppen. Die Krempen zum Ring schließen, an den Außenkanten verstürzen, wenden und rechts auf rechts an das Kopfteil steppen. Nahtzugabe in das Kopfteil bügeln, von rechts knappkantig absteppen. Die Krempe von rechts im Abstand von 1 cm durchsteppen, an der vorderen Krempe beginnen und die Abstände zwischen den Stepplinien an der rückwärtigen Krempe größer werden lassen. Kordel in der Mitte teilen, seitlich am Hutinnenrand befestigen, Kordelhalter aufziehen.

Ganz bequem im Overall

Größe 86

An diesem Overall ist alles weit und locker, und auch das Windelpaket hat genug Platz. Dafür ist die Hose hinten extra „ausgebeult", was bei den Kleinen besonders niedlich aussieht. Für den Overall eignen sich alle weichen Stoffe – hier ist es feiner Babycord.

Der Overall wird hinten geknöpft – ganz tief, damit das Anziehen möglichst schnell geht. Die weiten Hosenbeine werden nach unten enger, damit sie nicht über die Schuhe rutschen.

Das brauchen Sie: 1,60 m feingerippten Baumwollcord, 90 cm breit; 8 Knöpfe oder Drucker zum Einstanzen.

Schnitteile

Fig. 30 vord. Passe
Fig. 31 rückw. Passe
Fig. 32 vord. und rückw. Hosenteil
Fig. 33 Ärmel
Fig. 34 Stehkragen

Schnittlinie schwarz/Bogen B

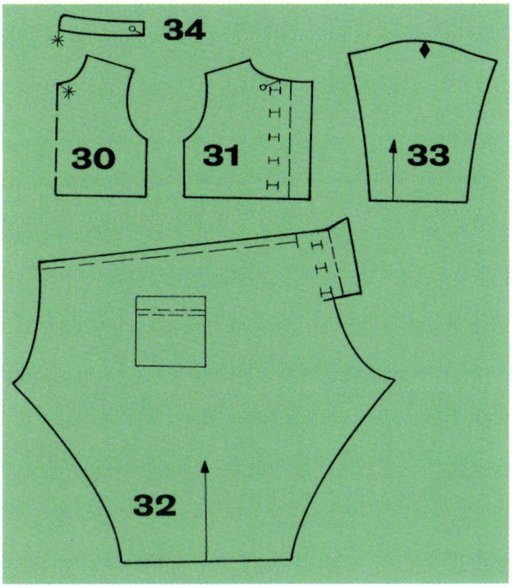

So wird's gemacht: Passen- und Hosenteile und die Ärmel mit 1 cm Nahtzugabe zuschneiden. An den Ärmelkanten 3 cm Saum, an den Hosenbeinen 6 cm Saum zugeben. Den Stehkragen viermal mit 1 cm Nahtzugabe zuschneiden. Zwei Taschen 17 x 15 cm zuschneiden. Die Schulternähte schließen, die beiden Stehkragen an den Außenkanten verstürzen. Die rückwärtigen Belege am Halsausschnitt verstürzen. Die äußere Hälfte des Stehkragens an den Halsausschnitt nähen, die Nahtzugabe in den Kragen schieben, bei der inneren Hälfte des Stehkragens die Nahtzugabe umkippen und darübersteppen. Dabei gleich den gesamten Stehkra-

In diesem Overall sind Krabbelkinder gut aufgehoben: Sie haben's warm, bequem und gemütlich.

gen schmal absteppen. Die Ärmel einsetzen. Die Nahtzugaben jeweils in den Ärmel bügeln und die Nähte von rechts doppelt absteppen. Seiten- und Ärmelnähte in einem Rutsch schließen. Ärmel 3 cm breit säumen, doppelt absteppen. Bei der Hose die rückwärtige Schrittnaht bis zum Schlitzzeichen schließen. Die Taschen an der Oberkante 3 cm breit verstürzen, die restlichen Kanten umkippen und doppelt (einmal knappkantig, einmal 5 mm entfernt) auf die vorderen Hosenteile steppen. Die vordere Schrittnaht schließen. Die Hosenbeine 5 cm breit säumen und doppelt absteppen. Die inneren Hosenbeinnähte in einem Rutsch schließen. Die oberen Hosenkanten einkräuseln, an die Passe nähen, von rechts doppelt absteppen. Die Belege an der rückwärtigen Mitte umbügeln und Ober- und Untertritt knappkantig absteppen. Die Knopflöcher zeichengemäß einsticken und die Knöpfe annähen.

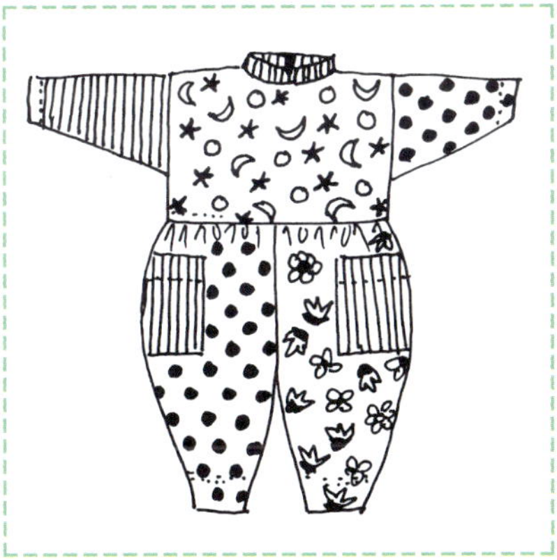

→ Tip: Dieser Schnitt eignet sich auch prima für einen Schlafanzug: einfach einen leichten, weichen Stoff nehmen oder aus gewaschenen Stoffresten ein Patchwork-Modell nähen (siehe Zeichnung).

Und das ist der Overall von hinten – mit reichlich Platz fürs Windelpaket.

Strickjacke mit Bordüre

Größe 74 und 86

Eine Strickjacke ist unentbehrlich! Sie läßt sich problemlos an- und ausziehen und ist deshalb ideal als Wärmereserve für unterwegs. Dieses Modell hat extra wenig Muster, damit es zu möglichst vielen Sachen paßt. Die Bordüre stammt übrigens von Pullover und Mütze auf Seite 80: So kann man beides als Twinset stricken oder für den Partner-Look von Geschwistern.

→ Tip: Wer's noch einfacher haben möchte, läßt die Bordüre weg und strickt nur die schmalen Streifen in den Rippenbündchen.

Strickjacke Alle Angaben für Größe 86 stehen, sofern sie abweichen, in eckigen Klammern.

Das brauchen Sie: Wolle mittlerer Stärke (Lauflänge ca. 125 m/50 g), und zwar 200 g [250 g] in Petrol, 50 g in Weiß und einen Rest in Blau, eine Rundstricknadel Nr. 3,5 und 6 weiße Knöpfe.

Grundmuster: glatt re. (Hinreihen re., Rückreihen li.), Muster s. Schemazeichnung (Seite 76).

Maschenprobe: 24 M. in der Breite und 31 Reihen in der Höhe ergeben 10 cm im Quadrat.

Rücken und Vorderteil-Hälften

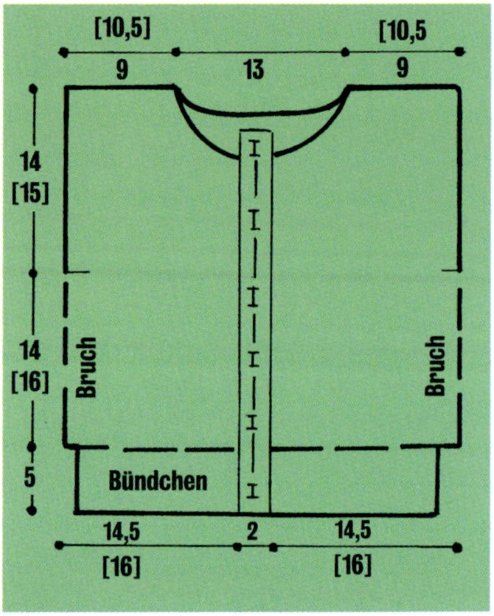

Ärmel

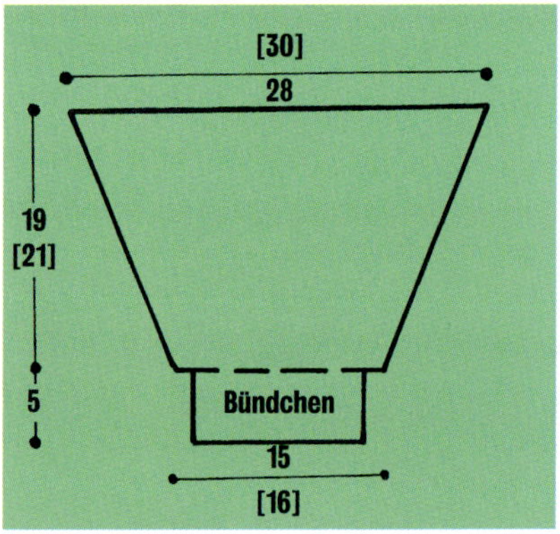

Diese kleine Strickjacke mit Bordürenmuster paßt zu den meisten Kindersachen.

Schema für Bordürenmuster

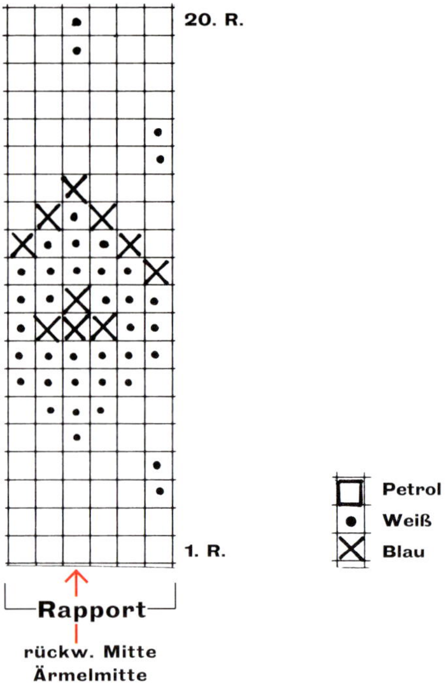

So wird's gemacht: Hier werden Rücken- und Vorderteile bis zu den Armausschnitten in einem Stück gestrickt. Dafür 144 M. [156 M.] in Petrol anschlagen und in Hin- und Rückr. für das Bündchen im Rippenmuster (2 M. re., 2 M. li. im Wechsel) arbeiten, und zwar 3 R. in Petrol, 3 R. in Weiß, 10 R. in Petrol. In der letzten R. am Ende 1 M. dazu anschlagen. Dann im Grundmuster nach der Schemazeichnung arbeiten. Das Muster von der rückwärtigen Mitte aus einrichten, den Rapport also beidseitig fortlaufend wiederholen. In der Höhe 1mal von der 1.-20. R. stricken. Die erste und letzte M. immer mit beiden Fäden zusammen abstricken (auch später bei den Ärmeln). Dann in Petrol weiterarbeiten. In 19 cm

[21 cm] Gesamthöhe beidseitig die äußeren 35 M. [38 M.] für die Vorderteile auf Hilfsnadeln stillegen. Mit den übrigen 75 M. [81 M.] das Rükkenteil weiter gerade hochstricken. In 31,5 cm [34,5 cm] Gesamth. für den Halsausschnitt die mittleren 27 M. abketten und die Schultern getrennt beenden. Dabei jeweils in der folgenden 2. R. nochmals 2 M., in 33 cm [36 cm] Gesamth. die übrigen 22 M. [25 M.] abketten. Nun ein Vorderteil beenden. Dabei in 28 cm [31 cm] Gesamth. für den Halsausschnitt 4 M. und weiter in jeder 2. R. 1mal 3 M., 2mal 2 M. und 2mal 1 M. abketten. In 33 cm [36 cm] Gesamth. die übrigen 22 M. [25 M.] abketten. Das zweite Vorderteil gegengleich beenden.

Ärmel: 36 M. [38 M.] in Petrol anschlagen und in Hin- und Rückr. das Bündchen genau wie beim Rücken- und Vorderteil stricken. In der letzten R. am Ende 1 M. dazu anschlagen. Dann im Grundmuster das Muster wieder nach der Schemazeichnung einstricken (von der Ärmelmitte aus einrichten und 1mal von der 1. – 20. R. arbeiten). Den Ärmel in Petrol beenden. Gleichzeitig 13mal [14mal] in jeder 4. R. und 2mal [3mal] in jeder 2. R. beidseitig 1 M. zunehmen. In 24 cm [26 cm] Gesamth. die M. abketten.

Ausarbeitung: Die Schulter- und Ärmelnähte schließen. Die Ärmel einnähen. Für die Blende aus dem Halsausschnitt 88 M. in Weiß herausstricken und in Hin- und Rückr. im Rippenmuster arbeiten, und zwar noch 2 R. in Weiß, dann weiter in Petrol. In 2 cm Höhe die M. abketten. Aus den vorderen Kanten jeweils 72 M. [82 M.] in Weiß herausstricken und im Rippenmuster noch 2 R. in Weiß, dann weiter in Petrol arbeiten. Dabei in eine Blende in 1 cm Höhe gleichmäßig verteilt 6 Knopflöcher arbeiten (jeweils 2 M. zus.stricken, 1 Umschl. aufnehmen). In 2 cm Höhe die M. abketten. Die Knöpfe annähen.

→ Tip: Wenn Sie das Muster über und über in die Jacke einstricken möchten, brauchen Sie nur fortlaufend die 1. – 20. R. der Zeichnung zu wiederholen. Dann benötigen Sie allerdings etwas mehr von der weißen Wolle.

Norwegerpulli und Mütze

Größe 74 und 86

Eiskristalle, Teddybären und andere Bordüren dicht an dicht. Der Pulli wird fast durchgehend mit zwei Fäden gleichzeitig gestrickt – das ist nicht ganz einfach: ein Meisterstück für Könner! (Was man ihm auch ansieht!) Passend dazu gibt es eine Mütze und eine Strickjacke (siehe Seiten 82/83 und 74/75).

Norwegerpulli Bei Größe 86 werden vorn und hinten vier Teddybären eingestrickt, nicht wie auf dem Foto drei. Alle Angaben für Größe 86 stehen, sofern sie abweichen, in eckigen Klammern.

Das brauchen Sie: Garn (50 % Schurwolle, 50 % Baumwolle, Lauflänge ca. 125 m/50 g), und zwar 200 g in Grau, 100 g in Weiß, 50 g in Hellblau, Stricknadeln und Nadelspiele Nr. 2,5 und Nr. 3 und 3 weiße Knöpfe.
Grundmuster: glatt re. (Hinreihen re., Rückreihen li., in Runden nur re.), Muster s. Schemazeichnungen (S. 80 und 83).
Maschenprobe: Mit Nadeln Nr. 3 ergeben 30 M. in der Breite und 35 R. in der Höhe 10 cm im Quadrat.

Rücken- und Vorderteil

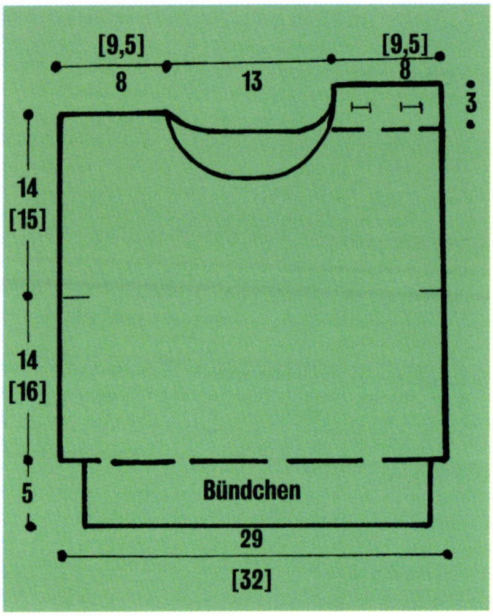

Ärmel

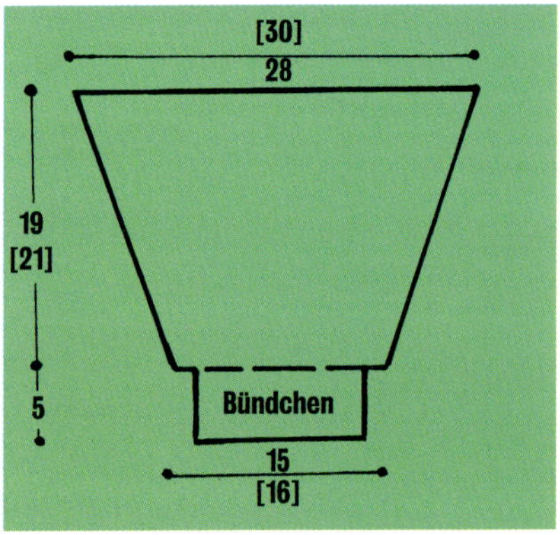

Ein Pulli zum Verlieben! Die Teddys sind rundherum eingestrickt. Eine passende Strickmütze folgt auf Seite 82.

Schema für Norwegerpulli

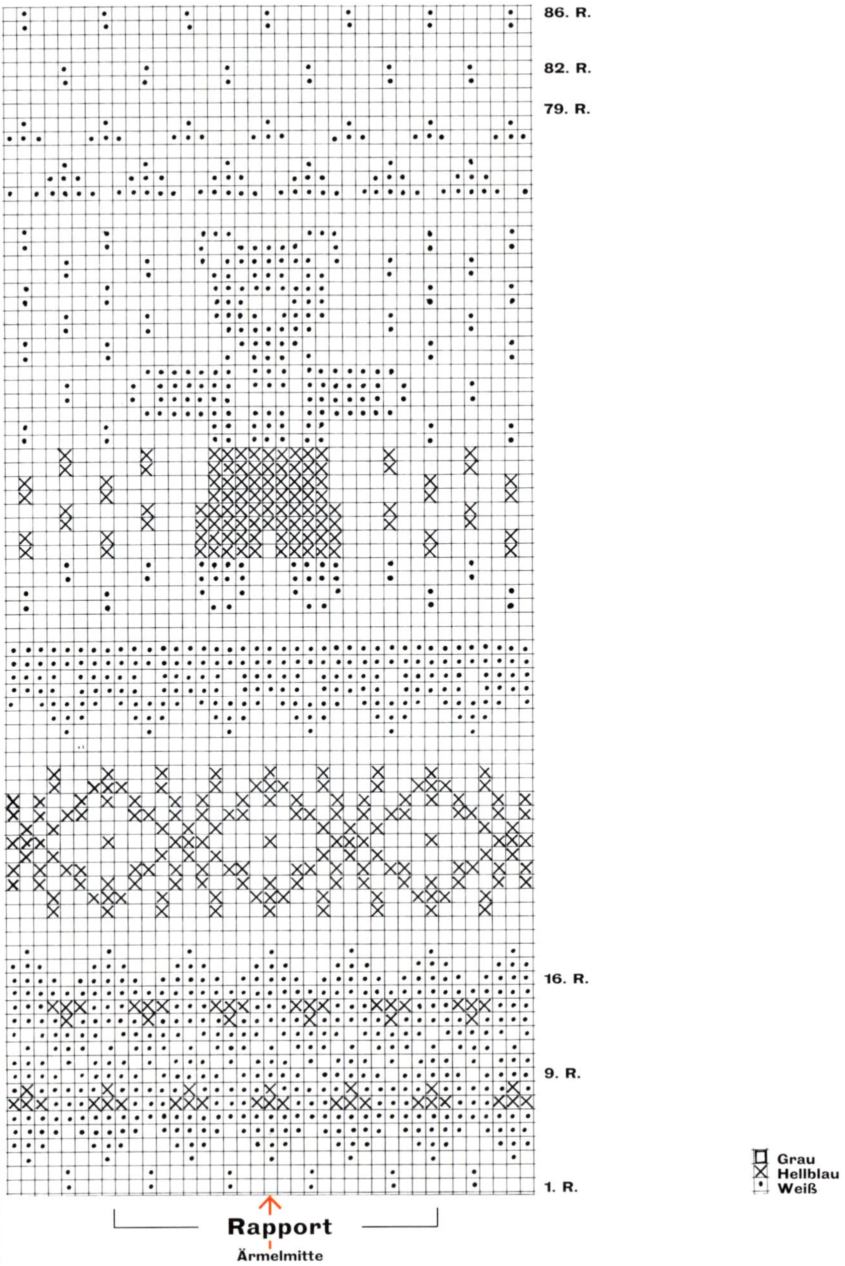

So wird's gemacht: Rückenteil: 88 M. [98 M.] mit Nadeln Nr. 2,5 in Grau anschlagen und für das Bündchen 5 cm im Rippenmuster (2 M. re., 2 M. li. im Wechsel) stricken. In der letzten R. am Ende 1 M. dazu anschlagen. Dann mit Nadeln Nr. 3 im Grundmuster wie folgt arbeiten: In den Hinr. strickt man 1 Randm., weiter nach der Schemazeichnung die ersten 7 M., anschließend 3mal den Rapport, die letzten 8 M. und 1 Randm. [zunächst 6 R. in Grau stricken, dann in den Hinr. 1 Randm., weiter nach der Schemazeichnung sofort 4mal den Rapport, anschließend die nächste M. der Zeichnung, 1 Randm.] Die Rückr. entsprechend arbeiten. In der Höhe 1mal von der 1. – 86. R. stricken, dann die 79. – 86. R. wiederholen bis zur Schulter. Die Randm. immer mit beiden Fäden zusammen abstricken. Gleichzeitig in 31,5 cm [34,5 cm] Gesamthöhe für den Halsausschnitt die mittleren 35 M. abketten und zunächst die rechte Schulter beenden. Dabei in der folgenden 2. R. nochmals 2 M., in 33 cm [36 cm] Gesamthöhe die übrigen 25 M. [30 M.] abketten. Bei der linken Schulter für die Verschlußblende nur in Grau im Rippenmuster weiterarbeiten. Dabei in der 2. R. wieder 2 M., in 3 cm Blendenhöhe die übrigen M. abketten.

Vorderteil: Im Prinzip wie das Rükkenteil stricken. Jedoch bereits in 28 cm [31 cm] Gesamthöhe für den Halsausschnitt die mittleren 11 M. abketten und die Schulter getrennt beenden. Dabei in jeder 2. R. 1mal 4 M., 1mal 3 M., 2mal 2 M. und 3mal 1 M. abketten. Bei der linken Schulter wieder ab 31,5 cm [34,5 cm] Gesamthöhe die Verschlußblende in Grau im Rippenmuster stricken. Dabei in 33 cm [36 cm] Gesamthöhe 2 Knopflöcher einarbeiten (jeweils 2 M. zusammenstricken, 1 Umschl. aufnehmen).

Ärmel: 44 M. [48 M.] mit Nadeln Nr. 2,5 in Grau anschlagen und für das Bündchen 5 cm im Rippenmuster stricken. In der letzten R. am Ende 1 M. dazu anschlagen. Dann mit Nadeln Nr. 3 im Grundmuster nach der Schemazeichnung arbeiten. Das Muster von der Mitte aus einrichten, mit der 16. R. [9. R.] der Zeichnung beginnen und bis zur 82. R. stricken. Gleichzeitig 20mal abwechselnd in jeder 2. und 4. R. [15mal in jeder 4. R. und 6mal in jeder 2. R.] beidseitig 1 M. zunehmen. Das Muster nach außen entsprechend fortsetzen. In 24 cm [26 cm] Gesamthöhe die M. abketten.

Ausarbeitung: Die rechte Schulternaht schließen. Aus dem Halsausschnitt und den Blendenkanten 94 M. mit Nadeln Nr. 2,5 in Grau herausstricken und 2 cm im Rippenmuster arbeiten, dabei am Vorderteil nach 1 cm noch ein Knopfloch arbeiten, die M. abketten. Die Seiten- und Ärmelnähte schließen. Die Ärmel einnähen, dabei die Verschlußblenden entsprechend übereinander legen. Die Knöpfe annähen.

Eine Mütze für Jungen und Mädchen, mit kleiner Bordüre und Rippenrand. Sie sieht auch in Pastellfarben schön aus.

Mütze Maschenprobe und Grundmuster siehe Pullover.

Das brauchen Sie: Wenn Sie die Mütze passend zum Pulli stricken, kommen Sie mit dem dort genannten Material aus. Einzeln gestrickt reichen 50 g in der Grundfarbe plus Reste.

So wird's gemacht: 124 M., verteilt auf 4 Nadeln des Nadelspiels Nr. 2,5, in Grau anschlagen und in Runden für den Rand 5 cm im Rippenmuster stricken. Anschließend mit Nadelspiel Nr. 3 im Grundmuster zunächst 6 Rd. in Grau arbeiten. Dabei in der 1. Rd. verteilt 2 M. zunehmen (jeweils aus dem Querfaden der Vorrunde 1 M. re. verschränkt herausstricken), damit später das Muster aufgeht. Dann nach der Schemazeichnung stricken. In der Runde den Rapport stets wiederholen, in der Höhe 1mal von der 1. – 20. Rd. stricken, dann die 13. – 20. Rd. stets wiederholen. In 16 cm Höhe mit den Abnahmen für die Kopfform beginnen, d. h. in der folgenden Rd. jede 20. und 21. M. re. zusammenstricken. In allen weiteren Runden die Abnahmen an den gleichen 6 Stellen wiederholen, also zunächst jede 19. und 20. M., dann jede 18. und 19. M., jede 17. und 18. M., jede 16. und 17. M. usw. zusammenstricken. Dabei das Muster zwischen den Abnahmen sinngemäß fortsetzen. Die letzten 6 M. mit dem Endfaden zusammenziehen.

Strickschema Mütze

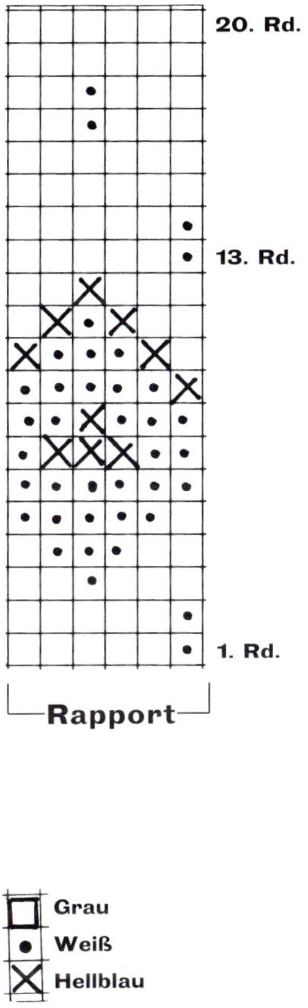

Melierter Zopfpullover

Größe 74 und 86

Das melierte Garn ist federleicht, wirkt interessant, und das Zopfmuster gibt dem Pullover noch mehr Ausstrahlung. Ein Knopfverschluß auf der linken Schulter sorgt dafür, daß das Babyköpfchen beim An- und Ausziehen genug Platz hat.

Zopfpullover Alle Angaben für Größe 86 stehen, sofern sie abweichen, in eckigen Klammern.

Das brauchen Sie: 250 g [300 g] grünmeliertes Baumwollgarn (Lauflänge ca. 120 m/50 g), Stricknadeln Nr. 4 und 3 Knöpfe.

Grundmuster: plastisches Muster, s. Schemazeichnung 1 [2] auf Seite 86. Sie zeigt das Maschenbild der rechten Seite, d. h. in den Rückreihen müssen die re. gezeichneten M. li., die li. gezeichneten M. re. gestrickt werden.

Maschenprobe: 29 M. in der Breite und 36 R. in der Höhe ergeben 10 cm im Quadrat.

Rücken- und Vorderteil

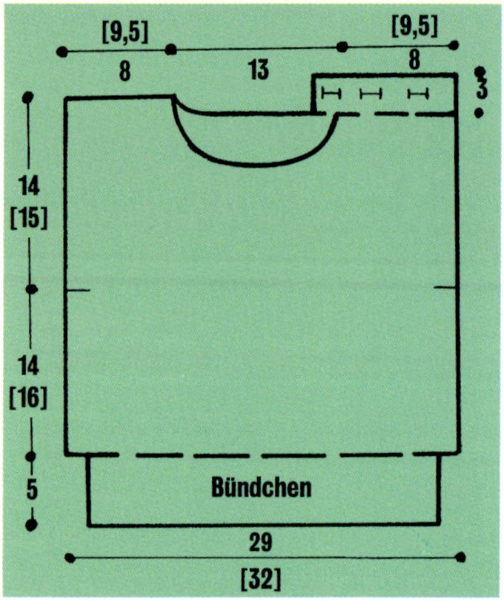

Ärmel

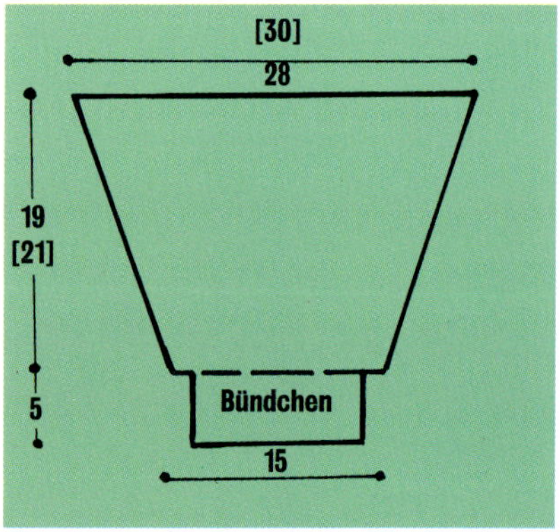

Dieser leichte Zopfpullover aus meliertem Garn hat alle Aussichten, Babys Lieblingsstück zu werden!

Schema 1 – es zeigt das Maschenbild der rechten Seite!

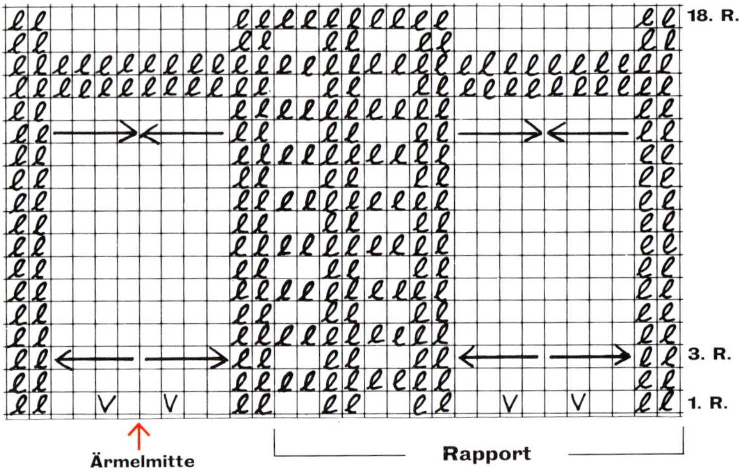

Schema 2 – es zeigt das Maschenbild der rechten Seite!

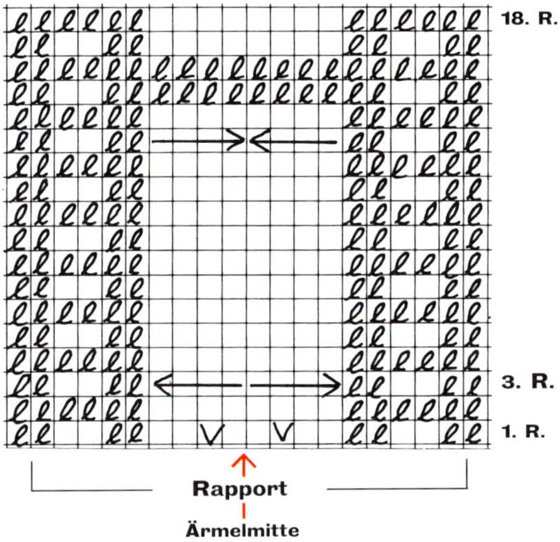

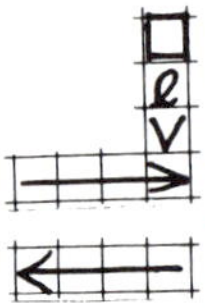

re. M.
li. M.
aus dem Querfaden der Vorr. 1 M. re. verschr. herausstricken
2 M. auf einer Hilfsnadel hinter die Arbeit legen,
2 M. re., die M. der Hilfsnadel re.
2 M. auf einer Hilfsnadel vor die Arbeit legen,
2 M. re., die M. der Hilfsnadel re.

So wird's gemacht: Rückenteil: 74 M. [82 M.] anschlagen und für das Bündchen 5 cm im Rippenmuster (Hinr.: 2 M. li., 2 M. re. im Wechsel, Rückr.: alle M. re.) stricken. Dann im Grundmuster weiterarbeiten, d. h. nach der Schemazeichnung 1 in den Hinr. 4mal den Rapport, dann die letzten M. der Zeichnung [nach der Schemazeichnung 2 die erste M., anschließend 5mal den Rapport, dann die letzte M. der Zeichnung] stricken. Die Rückr. entprechend arbeiten. In der Höhe einmal von der 1. – 18. R. stricken, dann die 3. – 18. R. stets wiederholen. In 31,5 cm [34,5 cm] Gesamthöhe für den Halsausschnitt die mittleren 34 M. abketten und zunächst die rechte Schulter beenden. Dabei in der folgenden 2. R. nochmals 2 M., in 33 cm [36 cm] Gesamthöhe die übrigen 23 M. [27 M.] abketten. Bei der linken Schulter noch die nächste Hinr. stricken, dabei an den Stellen je 2 M. re. zusammenstricken, wo in der 1. R. des Grundmusters M. herausgestrickt wurden. Dann die M. stillegen.

Vorderteil: Im Prinzip genauso stricken wie das Rückenteil. Jedoch bereits in 28 cm [31 cm] Gesamthöhe für den Halsausschnitt die mittleren 14 M. abketten und zunächst die rechte Schulter beenden. Dabei weiter in jeder 2. R. 1mal 4 M., 1mal 3 M., 2mal 2 M und 1mal 1 M., in 33 cm [36 cm] Gesamthöhe die übrigen M. abketten. Die linke Schulter bis 31,5 cm [34,5 cm] Gesamthöhe gegengleich beenden. In der letzten Hinr. M. zusammenstricken, wie beim Rückenteil beschrieben, dann die M. stillegen.

Ärmel: 38 M. anschlagen und 5 cm im Rippenmuster arbeiten. Die 1. Hinr. hier mit 2 M. re. beginnen, damit sich später das Muster richtig fortsetzt. Dann im Grundmuster weiterarbeiten. Das Muster von der Ärmelmitte aus einrichten (s. Schemazeichnungen). Beim Auszählen dürfen die M., die in der 1. R. herauszustricken sind, nicht mitgezählt werden! Wie gewohnt fortfahren. Dabei 8mal in jeder 4. R. und 11mal abwechselnd in jeder 2. und 4. R. [6mal in jeder 4. R. und 16mal abwechselnd in jeder 2. und 4. R.] beidseitig 1 M. zunehmen. Das Muster nach außen entsprechend fortsetzten. In 24 cm [26 cm] Gesamthöhe die M. abketten.

Ausarbeitung: Die rechte Schulternaht schließen. Aus dem Halsausschnitt 88 M. herausstricken und 2 cm im Rippenmuster arbeiten, die M. abketten. Zu den stillgelegen M. der linken Schulter jeweils 6 M. aus der Halsausschnittblende herausstricken und im Rippenmuster arbeiten. Beim Vorderteil in 1,5 cm Höhe gleichmäßig verteilt 3 Knopflöcher einarbeiten (jeweils 2 M. zusammenstrikken, 1 Umschl. aufnehmen). In 3 cm Höhe die M. abketten. Die Seiten- und Ärmelnähte schließen. Die Ärmel einnähen, dabei die Verschlußblenden entsprechend übereinanderlegen. Die Knöpfe annähen.

Größe 92 bis 104

Praktisch für Kleinkinder

Spätestens jetzt fangen Kinder an, ganz bewußt Einfluß auf ihre Kleidung zu nehmen. Deshalb gibt es hier lauter Lieblingssachen, in denen sie locker mit den Großen konkurrieren können: Jackett und Hose, ein Trägerkleid, ein Rüschenkleid mit allem Drum und Dran, sportliche Pullover, außerdem Rock und Hose, zünftig mit Latz.

Ein Jackett, zwei Hosen

Größe 98

Nun möchten sich die Kleinen schon wie die Großen anziehen – da kommen diese Sachen gerade recht! Sie sehen zwar aus wie die Anzüge von Erwachsenen, sind aber viel bequemer geschnitten und leichter zu nähen! Da Hosen immer schneller schmutzig werden als die Jacke, gibt es zwei verschiedene Modelle zur Auswahl.

→ Tip: Damit das Outfit praktisch und waschmaschinenfest ist, am besten breitgerippten Cord oder Jeansstoff dafür nehmen. Die Bundhose kann man auch aus leichteren Stoffen nähen.

Das Jackett ist natürlich eher eine Jacke als ein komplettes Sakko, aber es ist alles dran, was „man" so braucht: Kragen, große Taschen, Knopfleiste.

Das brauchen Sie: 1,40 m Baumwollcord, 90 cm breit; 4 Knöpfe.

Schnitteile
Fig. 35 Vorderteil
Fig. 36 Rückenteil
Fig. 37 Ärmel
Fig. 38 Kragen
Schnittlinie rot/Bogen B

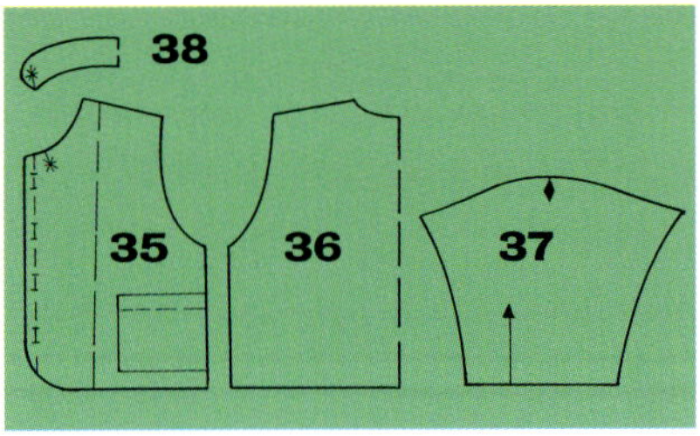

So wird's gemacht: Jackenteile und Ärmel mit 1 cm Nahtzugabe und 4 cm breiten Säumen zuschneiden. Die Taschen und die Belege aus den Schnitten herauskopieren und mit 1 cm Nahtzugabe zuschneiden. Den Kragen je zweimal im schrägen Fadenlauf (mit Mittelnaht) zuschneiden. Kragennaht schließen. Kragenteile an den Außenkanten rechts auf rechts zusammennähen, wenden und 0,5 cm breit absteppen. Schulternähte schließen. Die Ärmel einsetzen, die Schulternähte in den Belegen schließen. Die Belege rechts auf rechts an die vorderen Kanten steppen, den Halsausschnitt offen lassen, Kragen dazwischenstecken und festnähen. Die Taschen an der Oberkante 2 cm breit verstürzen, 1 cm breit umkippen und an der vorderen und unteren Seite knappkantig auf die Vorderteile steppen (die andere Seite wird jeweils in der Seitennaht mitgefaßt). Seiten- und Ärmelnähte in einem Rutsch schließen. Ärmel und Jacke 3 cm breit säumen. Die Belege

Fast wie die Großen: eine Jacke und zwei verschiedene Hosen. Die eine modisch im Reiterstil, die andere schlicht mit Gummizug in der Taille.

rundherum 3 cm breit – immer parallel zur Jackenkante – absteppen. Die Knopflöcher zeichengemäß einarbeiten und die Knöpfe annähen.

Die Reiterhose hat die typischen weitausladenden Seiten, wird aber zu den Knöcheln hin durch angesetzte und geschnürte Blenden ganz schmal.

Das brauchen Sie: 1,20 m Baumwollcord, 90 cm breit; 0,60 m Gummiband, 3,5 cm breit; 12 Metallösen zum Einstanzen; 1,20 m Kordel.

Schnitteile

Fig. 39 vord. Hosenteil

Fig. 40 rückw. Hosenteil

Schnittlinie rot /Bogen B

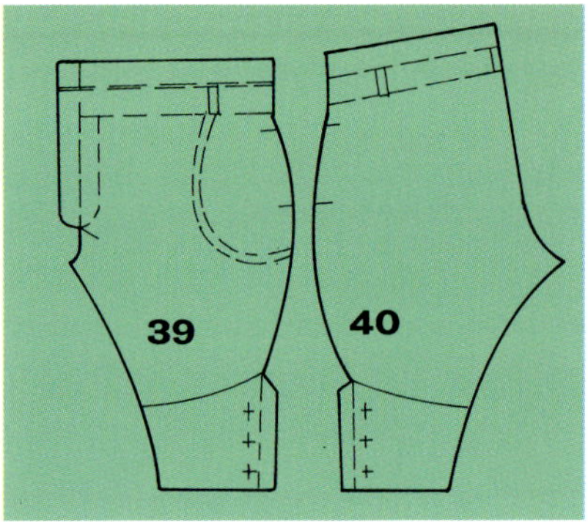

So wird's gemacht: Die Hosenbeinteile an der Trennungslinie für die Blende durchschneiden, alle Teile je zweimal mit 1 cm Nahtzugabe zuschneiden. Achtung: An den Tascheneingriffen 2 cm zugeben. Den Taschenbeutel aus dem Schnitt herauskopieren und zweimal zuschneiden. Die Beinblenden schmal säumen, die Belege umbügeln und die Ösen einstanzen. Die vordere Mittelnaht bis zum angeschnittenen Beleg schließen, den Beleg umbügeln und von rechts im Abstand von 0,5 cm so absteppen, daß es aussieht, als wäre es ein echter Schlitz. Die Nahtzugabe ebenfalls doppelt absteppen. Die Belege an den Tascheneingriffen umbügeln, einmal schmal und einmal 0,5 cm entfernt absteppen. Die Seitennähte schließen, die Taschenbeutel so an die Nahtzugaben nähen, daß sie flach nach vorn liegen. Von rechts doppelt feststeppen. Die hintere Schrittnaht schließen. Die Beinblenden ansteppen, Nahtzugaben nach oben bügeln und von rechts doppelt absteppen. Die innere Beinnaht schließen. Den angeschnittenen Bündchenbeleg umbügeln und knappkantig und 4 cm breit absteppen. Das Gummiband einziehen.

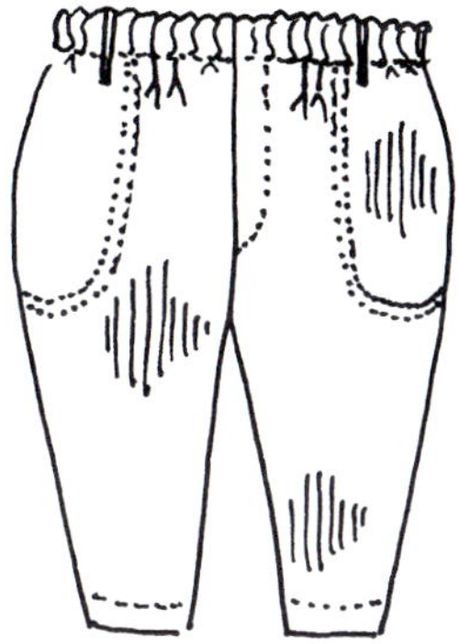

Die Bundhose ist ein echter Klassiker für Kinder – schlicht und gemütlich, mit Gummizug und großen Seitentaschen.

Das brauchen Sie: 1,20 m Baumwollcord, 90 cm breit; 0,60 m Gummiband, 3,5 cm breit.

Schnitteile

Fig. 41 vord. Hosenteil
Fig. 42 rückw. Hosenteil

Schnittlinie rot /Bogen B

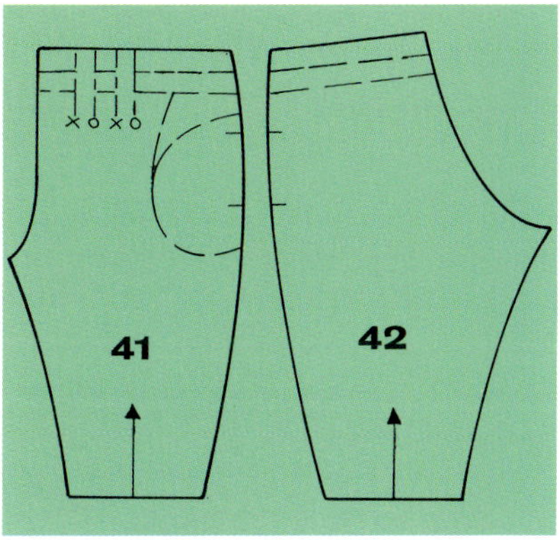

So wird's gemacht: Die Hosenteile je zweimal mit 1 cm Nahtzugabe zuschneiden. Achtung: An den Tascheneingriffen 2 cm zugeben. Den Taschenbeutel aus dem Schnitt herauskopieren und zweimal zuschneiden. Die vordere Mittelnaht bis zum angeschnittenen Beleg schließen, wie bei der Reiterhose doppelt im Abstand von 0,5 cm absteppen. Die Nahtzugabe ebenfalls doppelt absteppen. Die Belege an den Tascheneingriffen umbügeln, doppelt absteppen. Die Seitennähte schließen, die Taschenbeutel so an die Nahtzugaben nähen, daß sie flach nach vorn liegen. Von rechts doppelt feststeppen. Die hintere Schrittnaht und die innere Beinnaht schließen. Die Falten am Vorderteil einlegen und schmalkantig feststeppen. Den angeschnittenen Bündchenbeleg umbügeln und knappkantig und 4 cm breit absteppen. Das Gummiband einziehen. Die Hose säumen.

Luftig-leichtes Trägerkleid

Größe 104

Wenn's draußen so richtig warm ist, bleiben Jeans & Co bestimmt im Schrank: Dann fühlen sich kleine Mädchen in diesem locker gebundenen Kleid rundherum wohl. Das Kleid kann direkt auf der Haut oder über einem T-Shirt getragen werden.

Das Trägerkleid wird hinten geknöpft, die Passe ist doppelt.

Das brauchen Sie: 1,10 m gemusterten Stoff, 140 cm breit; 3 Knöpfe.

Schnitteile

Fig. 62 vord. Passe
Fig. 63 seitl. Passe
Fig.64 rückw. Passe

Schnittlinie schwarz /Bogen B

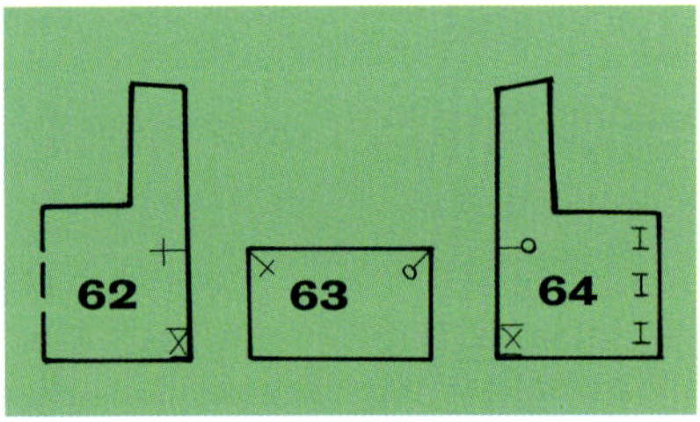

So wird's gemacht: Alle Passenteile doppelt mit 1 cm Nahtzugabe zuschneiden (d. h. die seitl. Passe viermal). Das gerade Stück für den Rock ist 140 cm lang und 30 cm hoch (inklusive Nahtzugaben). Die beiden Taschen 14 cm breit und 17 cm hoch zuschneiden. Die Trägerrüschen nach dem Kleiderschnitt von Seite 98 zuschneiden und nähen. Der Rüschenstreifen für den Rock ist insgesamt 280 cm lang und 9 cm breit. Vier Bindebänder 40 cm lang und 9 cm breit zuschneiden. Schulternähte in den Passen schließen, die Rüschen ansteppen. Vorder- und Rückenpasse am Ausschnitt verstürzen. Die Bindebänder verstürzen, zeichengemäß an die Passen stecken. Die seitl. Passen an der Oberkante verstürzen und an Vorder- und Rückenpasse steppen, Bindebänder mitfassen. Die inneren Passen von Hand gegen die Trägerrüschen säumen. Die oberen Taschenkanten 2 cm breit verstürzen, Eingriffskanten absteppen und die Taschen auf den Rock nähen. Die Rocknaht 2 cm breit bis auf einen 9 cm langen Schlitz schließen, Ober- und Untertritt einlegen. Oberkante einkräuseln und an die äußeren Passen steppen. Nahtzugaben nach oben bügeln, die inneren Passen von Hand dagegennähen. Die Rockrüsche zum Ring schließen, eine Seite versäubern, die andere Seite einkräuseln und an den Rock nähen. Die Belegkanten schmal absteppen, Knopflöcher zeichengemäß einarbeiten und Knöpfe annähen.

Dieses bunte Trägerkleid im modischen Schürzen-Look ist genau das Richtige für heiße Sommertage.

Kleid mit Rüsche

Größe 104

Für sonntags oder alle Tage: ein Kleid mit all den Extras, die Mädchen so gern mögen. Die Wirkung hängt hauptsächlich vom Stoff und vom Kragen ab. Den sollten Sie extra nähen, dann haben Sie drei verschiedene Möglichkeiten: in Weiß (sieht immer etwas feiner aus) oder aus dem Kleiderstoff (für alltags) oder einfach weglassen!

→ Tip: Durch den Baumwollflanell wirkt das Kleid auf unserem Foto eher winterlich. Aus Blümchen- oder Tupfenstoff oder einem einfarbigen leichten Batist kann es sommerlich-leicht aussehen! Wer will, läßt die Rüschen weg, dann wird das Oberteil ohne Teilungsnaht zugeschnitten.

Das Kleid hat seitlich eingesetzte Rüschen, der Doppelrock besteht aus zwei übereinanderliegenden Stufen.

Das brauchen Sie: 2 m Karostoff, 140 cm breit; 0,25 m weißen Stoff für den Kragen; 11 Knöpfe.

Schnitteile

Fig. 43 Vorderteil
Fig. 44 Rückenteil
Fig. 45 Ärmel
Fig. 46 Bündchen
Fig. 47 Rüsche
Fig. 48 Doppelrock
Fig. 49 Kragen

Schnittlinie rot/Bogen B

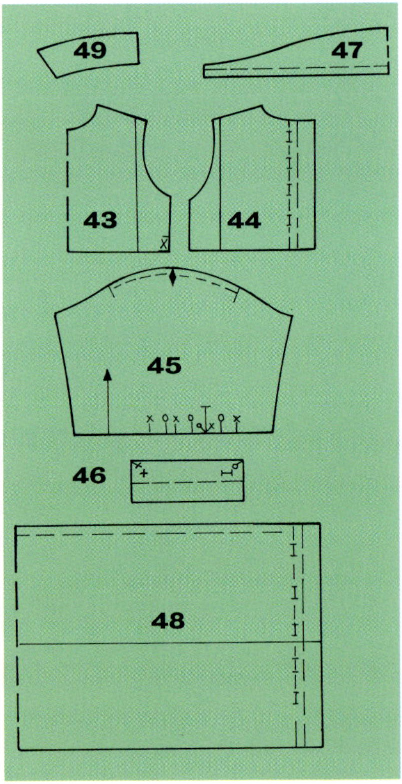

Ideal für romantische Mädchen: ein Kleid mit Rüsche, Bindeband und weitem Doppelrock. Eignet sich für viele Stoffe!

So wird's gemacht: Vorder- und Rükkenteil an der seitlichen Trennungslinie für die Rüsche teilen, Mittelstücke und Seitenteile mit 1 cm Nahtzugabe zuschneiden. Ärmel, Rüsche und Ärmelbündchen je zweimal mit 1 cm Nahtzugabe zuschneiden. Die große und die kleine Rockstufe mit 1 cm Nahtzugabe zuschneiden, dabei 3 cm Saum zugeben. Zwei Bindebänder 9 cm breit und 75 cm lang und für den Halsausschnitt einen 3 cm breiten und 35 cm langen Schrägstreifen zuschneiden. Die Schulternähte in Vorder- und Rükkenteil sowie in den Seitenteilen schließen. Die Rüschen an der gebogenen Seite knappkantig säumen (0,5 cm breit umkippen, schmal absteppen, Nahtzugabe zurückschneiden, noch einmal umkippen und feststeppen), einkräuseln und auf Vorder- und Rückenteil heften. Die Seitenteile darüberlegen und feststeppen. Seitennähte schließen. Den Schlitz in den Ärmeln einschneiden, mit einem schmalen Schrägstreifen versäubern. Ärmelnähte schließen, Ärmelkanten zeichengemäß in Falten legen. Ärmelbündchen in den Bruch bügeln, an den Schmalseiten verstürzen und an die Ärmelkanten nähen. Armkugeln einkräuseln, die Ärmel zeichengemäß einsetzen. Den Schrägstreifen rechts auf rechts an den Halsausschnitt steppen, Nahtzugabe einknipsen, wenden und 1 cm breit umsteppen. Die Rockstufen säumen, übereinanderlegen und gemeinsam an der Oberkante einkräuseln. Rock an das Oberteil nähen, Nahtzugabe nach oben bügeln und von rechts knappkantig absteppen. Die Belege im Rücken umbügeln und schmal absteppen. Knopflöcher zeichengemäß einarbeiten und Knöpfe annähen. Die Bindebänder verstürzen, wenden und knappkantig absteppen. Zeichengemäß auf die Seitennaht steppen. Die Kragenhälften je zweimal aus weißem Stoff oder Karostoff mit 1 cm Nahtzugabe zuschneiden, an den Außenkanten rechts auf rechts zusammennähen, wenden und knappkantig absteppen. Mit einem Schrägstreifen an der Innenkante einfassen, dabei die beiden Hälften in der vorderen Mitte dicht aneinanderschieben. Mit einem kleinen Knopf und einer Schlinge oder Haken und Öse im Rücken schließen.

Hose und Rock mit Latz

Größe 92 und 98

Im Kindergartenalter braucht man praktische Hosen und Röcke, die nicht rutschen. Da sind Latzhose oder -rock die beste Lösung. Außerdem kann man sie mit vielen verschiedenen T-Shirts, Tops und Hemden kombinieren. Ganz wichtig: große Taschen für all die Sachen, die Kinder brauchen oder finden ...

→ Tip: Die Schnitte für Latzhose und -rock sind universell verwendbar: für dicke und dünne Stoffe, vom Früchtedessin bis zum Jeans-Denim. Statt der Trägerclips und der Nietendruckknöpfe kann man auch ganz herkömmlich Knopf und Knopfloch einarbeiten.

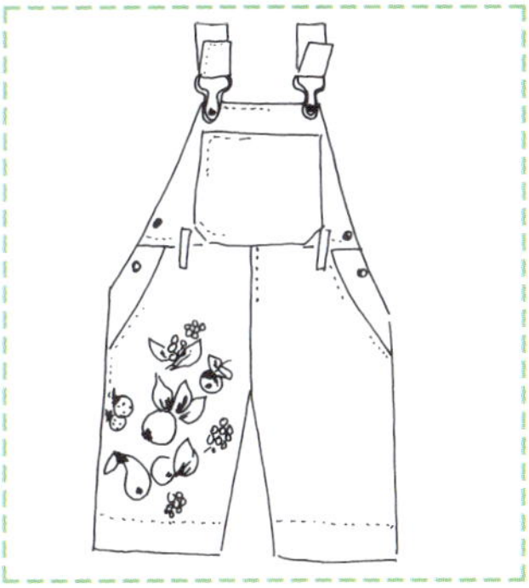

Die Hose hat vorn einen angesetzten Latz, der Verschluß sitzt an den Seiten. Man kann sie vorn mit einem „blinden" Reißverschluß arbeiten (sieht zünftig aus) – es geht aber auch ohne wie beim Rock.

Das brauchen Sie: 1 m gemusterten Stoff, 140 cm breit; 4 Nietendruckknöpfe; 2 Clipverschlüsse (oder Knöpfe) für die Träger.

Schnitteile

Fig. 50 vord. Latz
Fig. 51 vord. Hosenteil
Fig. 52 Seitenteil m. Tasche
Fig. 53 rückw. Hosenteil
Schnittlinie rot /Bogen B

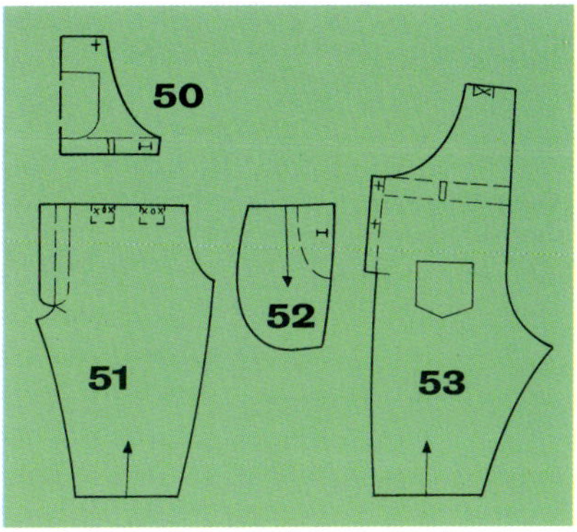

So wird's gemacht: Den vorderen Latz zweimal zuschneiden. Den Beleg für den hinteren Latz bis zur unteren Stepplinie nach dem rückw. Hosenteil zuschneiden. Bei den Hosenbeinen 3 cm Saum zugeben. Die aufgesetzten Taschen von Vorderlatz (1mal) und rückw. Hosenteil (2mal) heraus-

Latzhosen und -röcke sind nicht umsonst so beliebt: Sie sind ideal zum Spielen und Toben, denn sie sitzen locker und trotzdem perfekt.

kopieren und zuschneiden. Den Taschenbeutel aus dem Seitenteil herauskopieren und zweimal zuschneiden. Alles mit 1 cm Nahtzugabe! Zwei Träger 9 cm breit und 30 cm lang zuschneiden. Für die Gürtelschlaufen einen Streifen 4 cm breit und 20 cm lang zuschneiden, verstürzen, schmal absteppen und in vier Teile teilen. Den vorderen Latz oben und an den Seiten verstürzen. Die Tascheneingriffe mit den Taschenbeuteln verstürzen, Eingriffskanten doppelt absteppen. Mittelnaht in der Vorderhose schließen (beim angeschnittenen Reißverschlußbeleg nur bis zum Schlitzzeichen, dann den Beleg umbügeln, Kanten doppelt absteppen und von rechts die Rundung durchsteppen). Die Falten in der vorderen Hose x auf o einlegen, Hose auf die Seitenteile stecken. Taschenbeutel schließen. Die Vorderhose an den Latz steppen, Nahtzugabe nach oben kippen. Die vordere Latztasche oben säumen, rundherum umbügeln und doppelt aufsteppen. Die Träger verstürzen, eine Seite schließen, die andere Seite an den rückwärtigen Latz stecken (Länge überprüfen). Die Schrittnaht im rückw. Hosenteil schließen, den Latz mit dem Beleg verstürzen. Die rückwärtigen Taschen oben säumen, Nahtzugaben umbügeln und die Taschen doppelt auf die Hosenbeine nähen. Die Seitennähte der Hosen bis zum Verschlußbeleg schließen, doppelt von rechts absteppen. Die inneren Beinnähte schließen. Die seitlichen Belege umbügeln und Ober- und Untertritt einlegen. In der Taille die eingezeichneten Stepplinien doppelt absteppen, ebenso alle Kanten, so wie man es von Jeans kennt. Die Hosenbeine säumen. Die Nietendrucker zeichengemäß einstanzen, Knopflöcher einarbeiten und Trägerclips anbringen. Die vier Gürtelschlaufen zeichengemäß aufsteppen.

Der Latzrock ist etwas einfacher zu nähen als die Hose: Der Latz wird vorn und hinten angesetzt, die Rockteile sind leicht ausgestellt, was besonders niedlich aussieht.

Das brauchen Sie: 0,70 m gemusterten Stoff, 140 cm breit; 4 Nietendruckknöpfe; 2 Clipverschlüsse.

Schnitteile

Fig. 54 vord. Latz
Fig. 55 rückw. Latz
Fig. 56 Seitenteil mit Tasche
Fig. 57 vord. Rock
Fig. 58 rückw. Rock

Schnittlinie rot/Bogen B

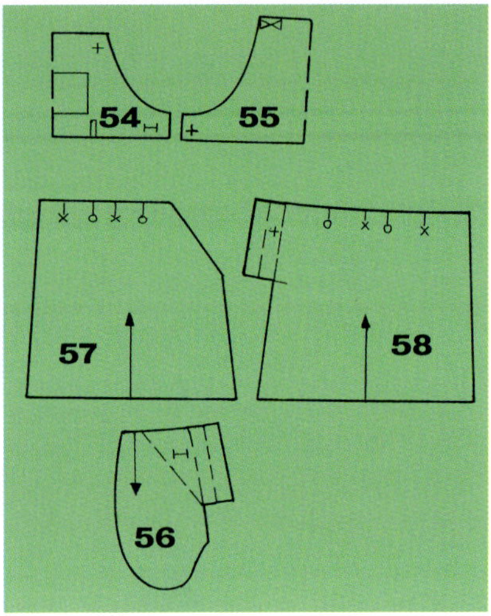

So wird's gemacht: Den vorderen und den rückw. Latz zweimal zuschneiden. Beim Rock 3 cm Saum zugeben. Die aufgesetzten Taschen vom Vorderlatz herauskopieren und zuschneiden. Den Taschenbeutel aus dem Seitenteil herauskopieren und zweimal zuschneiden – alles mit 1 cm Nahtzugabe! Zwei Träger 9 cm breit und 30 cm lang zuschneiden. Für die Gürtelschlaufen einen Streifen 4 cm breit und 20 cm lang zuschneiden, verstürzen, schmal absteppen und in vier Teile teilen. Die Träger verstürzen, eine Seite schließen, die andere Seite an den rückwärtigen Latz stecken (Länge überprüfen). Den vorderen und den rückwärtigen Latz oben und an den Seiten verstürzen. Die Tascheneingriffe mit den Taschenbeuteln verstürzen, Eingriffskanten doppelt absteppen. Mittelnaht in den Rockteilen schließen, von rechts doppelt absteppen. Die Falten x auf o einlegen. Den Vorderrock auf die Seitenteile stecken und die Taschenbeutel schließen. Die Rockteile an den entsprechenden Latz steppen, Nahtzugabe nach oben kippen. Die vordere Latztasche oben säumen, rundherum umbügeln und doppelt aufsteppen. In Längsrichtung ein- oder zweimal so feststeppen, daß kleine Fächer entstehen. Die Seitennähte bis zum Verschlußbeleg schließen, doppelt von rechts absteppen. Belege umbügeln und Ober- und Untertritt einlegen. In der Taille die eingezeichneten Stepplinien doppelt absteppen, ebenso alle Kanten, so wie man es von Jeans kennt. Den Rock säumen. Die Nietendrucker zeichengemäß einstanzen, Knopflöcher einarbeiten und Trägerclips anbringen. Die Gürtelschlaufen zeichengemäß aufsteppen.

Warm und sportlich

Größe 92 und 104

Diese Pullover sind echte Klassiker – mit neuen Details! Bei dem einen werden kleine Norwegermuster aufgestickt. Bei dem anderen lockern breite Streifen die senkrechten Zopfmuster auf. Zeitlos schön: sportliche Wolle in Grau, Natur und Anthrazit, so dick, daß die Pullis sogar eine Jacke ersetzen. Wer's lustiger haben will, strickt die Pullover in bunten Farben!

Pullover mit aufgestickten Mustern

Alle Angaben in Größe 104 stehen, sofern sie abweichen, in eckigen Klammern.

Das brauchen Sie: dicke Sportwolle (Lauflänge ca. 55 m/50 g), d. h. 250 g in Anthrazit, 200 g [250 g] in Grau und 100 g in Natur, je 1 Rundstricknadel Nr. 4,5 und Nr. 6.

Grundmuster: glatt re. (Hinr. re., Rückr. li., in Rd. nur re.), aufgesticktes Muster siehe Schema Seite 105.

Maschenprobe: Mit Nadel Nr. 6 ergeben 13 M. in der Breite und 17 R. in der Höhe 10 cm im Quadrat.

Rücken- und Vorderteil

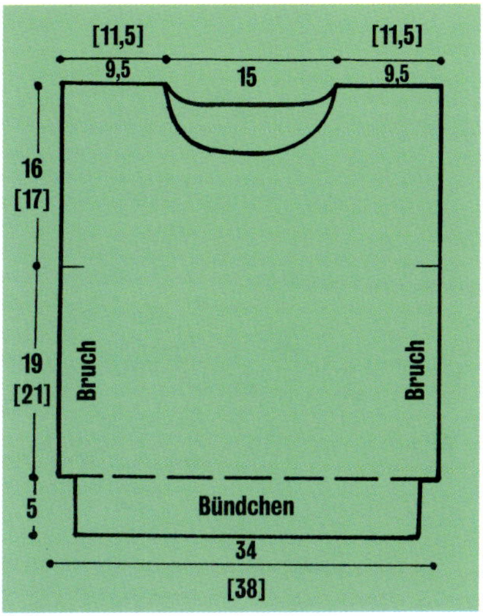

Dieser Pullover wird bis zu den Ärmeln in Runden gestrickt.

Ärmel

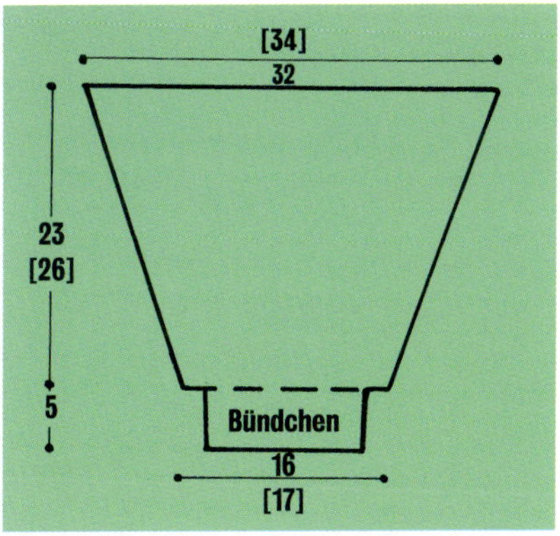

Diese Pullover halten rundherum warm und passen zu vielen Sachen. Und weil sie lässig-weit sind, wachsen sie lange mit.

Aufgesticktes Muster

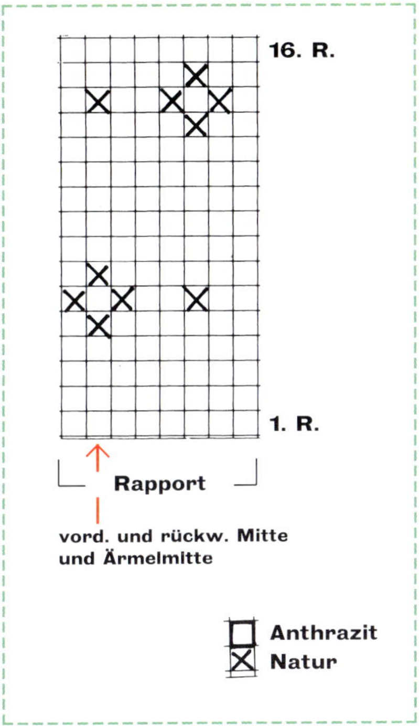

So wird's gemacht: Hier werden Rücken- und Vorderteil bis zu den Armausschnitten in einem Stück in Rd. gestrickt. Dafür 88 M. [100 M.] mit Nadel Nr. 4,5 in Grau anschlagen und zunächst für das Bündchen 5 cm im Rippenmuster (2 M. re., 2 M. li. im Wechsel) stricken. Dann mit Nadel Nr. 6 im Grundmuster in Natur weiterarbeiten. Dabei in der 1. Rd. gleichmäßig verteilt 2 M. zunehmen (aus dem Querfaden der Vorrd. re. verschr. herausstricken). Ab 8 cm [7 cm] Gesamth. die nächsten 35 Rd. [43 Rd.] bzw. R. in Anthrazit, dann in Grau bis zu den Schultern arbeiten. Gleichzeitig in 24 cm [26 cm] Gesamth. das Strickstück teilen, d. h. 45 M. [51 M.] auf einer Hilfsnadel stillegen. Mit den übrigen M. in Hin- und Rückr. zunächst das Rückenteil gerade weiterstricken. In 38,5 cm [41,5 cm] Gesamth. für den rückw. Halsausschnitt die mittl. 17 M. abketten und die Schultern getrennt beenden. Dabei jeweils in der folg. 2. R. nochmals 2 M. abketten. In 40 cm [43 cm] Gesamth. die übrigen 12 M. [15 M.] abketten. Das Vorderteil bis 34 cm [37 cm] Gesamth. wie das Rükkenteil gerade hochstricken. Dann für den vord. Halsausschnitt die mittl. 9 M. abketten und die Schultern getrennt beenden. Dabei weiter in jeder 2. R. 2mal 2 M. und 2mal 1 M. abketten. In 40 cm [43 cm] Gesamth. die übrigen 12 M. [15 M.] stillegen.

Ärmel: 20 M. [22 M.] mit Nadel Nr. 4,5 in Grau anschlagen und in Hin- und Rückr. zunächst für das Bündchen 5 cm im Rippenmuster stricken. In der letzten R. am Ende 1 M. dazu anschlagen. Dann mit Nadel Nr. 6 im Grundmuster in Natur weiterarbeiten, ab 11 cm [12 cm] Gesamth. in Anthrazit, ab 22 cm [23 cm] in Grau. Gleichzeitig 8mal [9mal] in jeder 4. R. und 2mal in jeder 2. R. beidseitig 1 M. zunehmen. In 28 cm [31 cm] Gesamth. die M. abketten. Den zweiten Ärmel genauso stricken.

Ausarbeitung: Zunächst auf die anthrazitfarb. Flächen das Muster in Natur im Maschenstich aufsticken. Das Muster von der vord. bzw. rückw. Mitte und von der Ärmelmitte aus einrichten und den Rapport nach der Schemazeichnung in der Breite und Höhe stets wiederholen (beim Rükken- und Vorderteil jeweils bis zu den Seitenbrüchen). Die Schulter- und Ärmelnähte schließen. Die Ärmel einnähen. Für die Blende aus dem Halsausschnitt 60 M. mit Nadel Nr. 4,5 in Grau herausstricken und in Rd. 3 cm im Rippenmuster arbeiten. Die M. abketten.

Pullover mit Zöpfen

Alle Angaben für Größe 104 stehen, sofern sie abweichen, in eckigen Klammern.

Das brauchen Sie: dicke Sportwolle (Lauflänge ca. 55 m/50 g), d. h. je 150 g [200 g] in Natur, Grau und Anthrazit, 1 Rundstricknadel Nr. 4,5 und Stricknadeln Nr. 6.
Grundmuster: Perl- und Zopfmuster siehe Schemazeichnung. Sie zeigt das Maschenbild der rechten Seite, d. h. in den Rückr. müssen die re. gezeichneten M. li., die li. gezeichneten M. re. gestrickt werden.
Maschenprobe: Mit Nadel Nr. 6 ergeben 15 M. in der Breite und 20 R. in der Höhe 10 cm im Quadrat.

Rücken- und Vorderteil

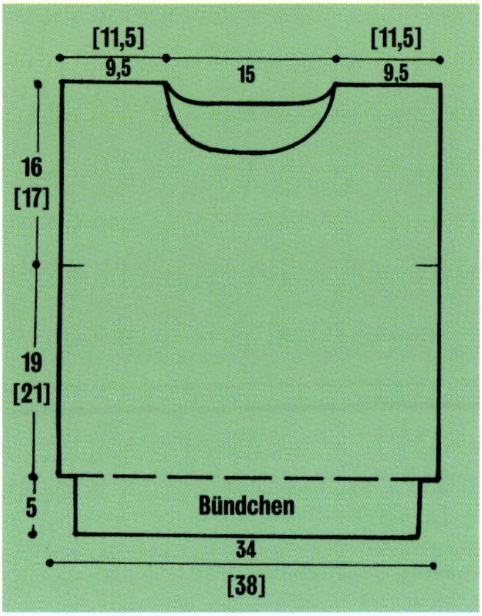

Bei diesem Pullover werden Vorder- und Rückenteil einzeln gestrickt.

Ärmel

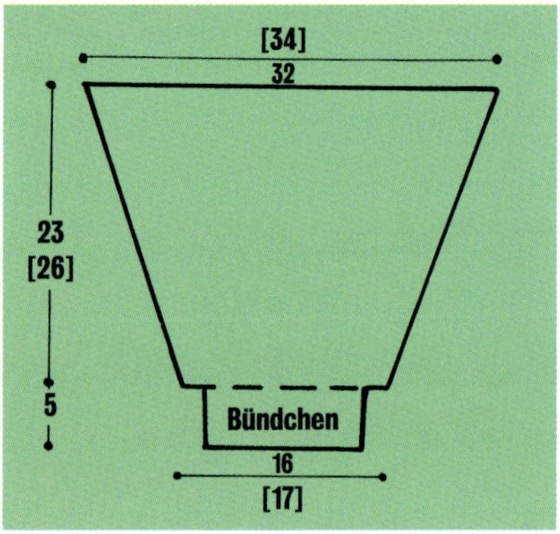

So wird's gemacht: Rückenteil: 52 M. [58 M.] mit Nadel Nr. 4,5 in Grau anschlagen und in Hin- und Rückr. zunächst für das Bündchen 5 cm im Rippenmuster (2 M. re., 2 M. li. im Wechsel) stricken. Dann mit Nadeln

Schema für das Maschenbild der rechten Seite!

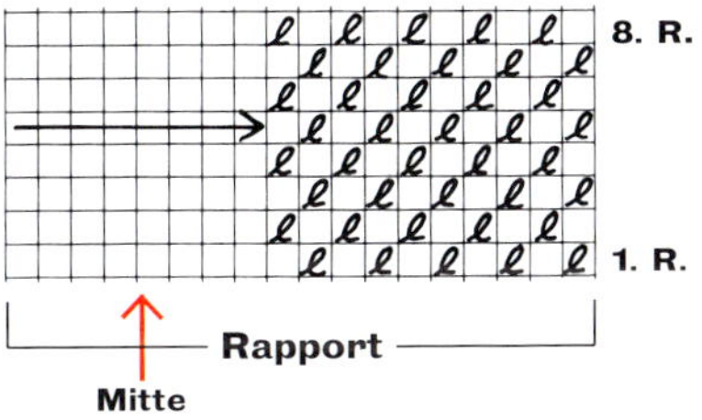

re. M.
li. M.
4 M. auf einer Hilfsnadel hinter die Arbeit legen, 4 M. re., die M. der Hilfsnadel re.

Nr. 6 zunächst in Anthrazit im Grundmuster nach der Schemazeichnung arbeiten. Das Muster von der Mitte aus einrichten. In der Höhe die 1. – 8. R. stets wiederholen. Dabei ab 17 cm [18 cm] Gesamth. in Natur, ab 29 cm [30 cm] Gesamth. in Grau weiterarbeiten. In 38,5 cm [41,5 cm] Gesamth. für den rückw. Halsausschnitt die mittl. 18 M. abketten und die Schultern getrennt beenden. Dabei in der folgenden 2. R. nochmals 2 M. abketten. In 40 cm [43 cm] Gesamth. die restlichen 15 M. [18 M.] abketten.

Vorderteil: Bis 34 cm [37 cm] Gesamth. genau wie das Rückenteil stricken. Dann für den vord. Halsausschnitt die mittl. 8 M. abketten und die Schultern getrennt beenden. Dabei weiter in jeder 2. R. 2mal 2 M. und 3mal 1 M. abketten. In 40 cm [43 cm] Gesamth. die übrigen M. abketten.

Ärmel: 24 M. [26 M.] mit Nadel Nr. 4,5 in Grau anschlagen und in Hin- und Rückr. zunächst für das Bündchen 5 cm im Rippenmuster stricken. Dann mit Nadeln Nr. 6 im Grundmuster zunächst in Anthrazit, ab 13 cm [14 cm] Gesamth. in Natur, ab 21 cm [22 cm] Gesamth. in Grau weiterarbeiten. Das Muster so anordnen, daß nur in der Ärmelmitte ein Zopf hochläuft, alle übrigen M. im Perlmuster stricken. Gleichzeitig 10mal [11mal] in jeder 4. R. und 2mal in jeder 2. R. beidseitig je 1 M. zunehmen. In 28 cm [31 cm] Gesamth. die M. abketten. Den zweiten Ärmel genauso stricken.

Ausarbeitung: Die Schulter-, Seiten- und Ärmelnähte schließen. Die Ärmel einnähen. Für die Blende aus dem Halsausschnitt 60 M. mit Nadel Nr. 4,5 in Grau herausstricken und in Rd. 2,5 cm im Rippenmuster arbeiten, die M. abketten.

Zum Nähen, Stricken und Sticken

Die schönsten Geschenk-Ideen

Kleine oder große Mitbringsel gesucht? Hier finden Sie alles, was Babys (und ihre Mütter) erfreut. Vom lustigen Lätzchen bis zum zierlichen Ballerina-Schuh, von der aufwendigen Strampeldecke bis zur handlichen Stoffpuppe, vom Geburtagsbild bis zur Spielzeugente. Und das Schöne daran: Alles können Sie mit viel Liebe selber machen!

Lustige Lätzchen

Hier ist nicht nur der Bär los – auch Hase, Schweinchen, Katze und Löwe sind mit von der Partie. Jedes Lätzchen ist ein Kunstwerk für sich und wird nicht nur Mütter, sondern auch Kinder begeistern. Zwei Grundformen (Katze und Bär) finden Sie in Originalgröße auf Schnittbogen B. Danach können Sie die anderen Lätzchen mühelos nachempfinden: Hauptsache, sie sehen lustig aus!

→ Tip: Das Gesicht ist aus einem Stück Stoff, darauf werden aus Resten Nasen, Ohren und Augen usw. appliziert. Das geht am schnellsten mit Haftvlies, und Sie können dabei nach Lust und Laune improvisieren, siehe Seite 117.

Das brauchen Sie: pastellfarbene Stoffreste, Festonspitze in unterschiedlichen Breiten; 0,70 m Schrägstreifen, 3 cm breit, aus weißem Satin. Eventuell Haftvlies „Vliesofix“, Stickgarn.

So wird's gemacht: Die untere Lätzchenseite in einem Stück, die obere je nach Modell eventuell aus unterschiedlichen Stoffen zuschneiden – alles mit 1 cm breiten Nahtzugaben. Achtung: Beim Hasen die Fliege und beim Bären den Kragen extra arbeiten, d. h. doppelt zuschneiden, verstürzen und rundherum schmale Festonspitze aufnähen. Gesicht und untere Lätzchenseite verstürzen, wenden, und die fertige Fliege mit Zickzackstichen ankanteln. Ohren extra zuschneiden, annähen, die Nähte auseinanderbügeln. Bei den Lätzchen mit Stickereispitze die Spitze einkräuseln, rechts auf rechts an das obere Lätzchen stecken und feststeppen. Das obere und untere Lätzchen verstürzen (Spitze zeigt nach innen), den Halsausschnitt offen lassen. Lätzchen wenden, von rechts knappkantig absteppen. Den Halsausschnitt mit dem Satinband einfassen. Applizieren: Alle kleinen Teile wie Nase, Augen und Innenohren großzügig zuschneiden. Die Teile oben auf das Lätzchen stecken, mit Geradstich in den Konturen entlangsteppen, die überstehenden Nahtzugaben abschneiden und die Kanten mit dichten Zickzackstichen überkanteln. Augenbrauen, Augen, Barthaare und Mund aufsticken.

Lätzchen sind einfach unentbehrlich! Und weil Babys ganz viele davon brauchen, sind hier fünf verschiedene zum Selbernähen.

Krokodil, Hase, Maus und Affe sind schöne Geschenke und werden ganz sicher zu geliebten Haustieren.

Tierische Waschlappen

Mit diesen Frotteehandschuhen wird das Baden und Waschen für kleine Kinder zum großen Spaß. Alle entstehen im Prinzip nach dem gleichen Schnitt. Zwischen zwei Handflächen sitzt ein rosafarbenes Mundstück. Nur die Ohren, die Augen und die Nasen sind verschieden. Und wenn Ihr Modell noch ein bißchen anders ausfällt als die hier abgebildeten Tiere, macht das gar nichts: Hauptsache, es sieht lustig aus! Die Grundform der Waschhandschuhe finden Sie auf Schnittbogen B.

Das brauchen Sie: Baumwollfrottee in der Hauptfarbe 50 x 50 cm (beim Affen 30 x 30 cm in Gelb und 20 x 20 cm in Beige), in Rosa 17 x 15 cm, in Schwarz 10 x 4 cm, sowie weißes und schwarzes Stickgarn.

So wird's gemacht: Die untere Handschuh-Hälfte in einem Stück, die obere Handschuh-Hälfte mit Naht (für die Ohren) zuschneiden. Die Ohren 2mal, alles mit 1 cm breiten Nahtzugaben zuschneiden. Das Mundstück in Rosa mit 1 cm Nahtzugaben zuschneiden.

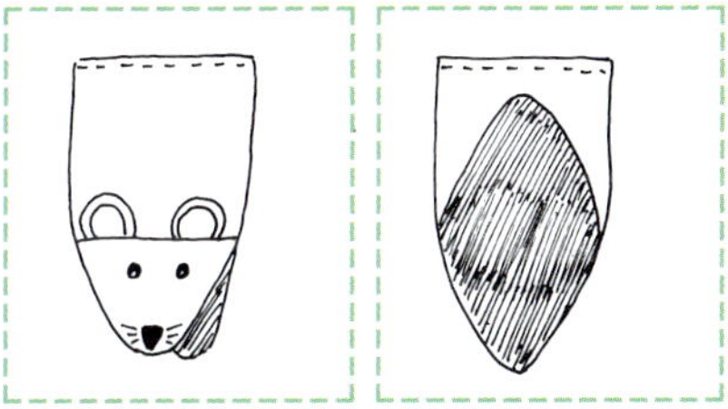

Applizieren: Nase, Augen und Innenohren großzügig zuschneiden. Die Teile nach dem Foto auf den Vorderhandschuh bzw. auf die Vorderohren legen, mit Geradstich in den Konturen entlangsteppen, die überstehenden Nahtzugaben abschneiden und die Kanten mit dichten Zickzackstichen überkanteln. Barthaare und Maul aufsticken.

Nähen: Die Ohren verstürzen, an der oberen Handschuhmitte einschieben, feststecken und die Naht schließen. Das rosafarbene Mundstück von -0 bis -0 zwischen beide Handschuhteile nähen. Danach die Seiten schließen, die Handschuhkante schmal umsteppen und einen Aufhänger annähen.

Achtung: Beim Affen die untere Handschuhhälfte aus hellgelbem Frottee zuschneiden und die Ohren an den Seitennähten zwischenfassen. Beim Krokodil kommt breite weiße Zackenlitze in die Naht zwischen Mundstück und Handschuh.

Ein richtig heißer Bär!

Den Bauch dieses fröhlichen Stoffbärs soll eine Wärmflasche füllen! Der Bezug sieht lustig aus und macht die Flasche von außen kuschelig-weich. (Außerdem kann's dem Baby nie zu heiß werden!) Er wird hinten geknöpft, und wenn Sie ein kleines Füllkissen in Bauch und Kopf stecken, eignet er sich auch als Kuschelbär, Kissen oder Spielzeug. Die Schnitteile finden Sie auf Schnittbogen B.

→ Tip: Diesen Bär am besten gleich komplett mit einer Wärmflasche verschenken!

Das brauchen Sie: ca. 50 x 50 cm Baumwollflanell in Gestreift und Kariert. Rosafarbene und getupfte Reste; ein Rest Festonspitze, 1 cm breit. 1 Knopf; ein Rest Vlieseline.

So wird's gemacht: Die Bauchteile mit angeschnittenem Kopf aus Streifenstoff zuschneiden, im Rücken den Schnitt in der Mitte teilen und je 6 cm für Ober- und Untertritt anschneiden. Kopf, Arme und Beine aus Karostoff, Ohren, Tatzen und Füße aus rosafarbenen Resten zuschneiden – alles mit 1 cm Nahtzugabe. Tupfenkragen, Nase, Augen und Innenohren ohne Nahtzugaben zuschneiden. Ober- und Untertritt im Rückenteil 1 cm breit säumen und übereinanderlegen, in die Mitte des Obertritts quer ein Knopfloch nähen. Die karierten Kopfteile auf die Bauchteile heften, vorn Schnauze und Augen mit kleinen Zickzackstichen applizieren. Für die Nasenspitze ein geblümtes Dreieck mit kleinen Zickzackstichen applizieren, dabei den Mund gleich mitsticken. Den Tupfenkragen an der Außenkante mit der gerüschten Festonspitze verstürzen und knappkantig aufs Vorderteil steppen. Das karierte Kopfteil von oben über den Kragen schieben und mit kleinen engen Zickzackstichen darübersteppen. Überstehende Nahtzugaben vorsichtig abschneiden. Arme und Tatzen zusammennähen, dabei glatte Festonspitze zwischenfassen. An den Außenkanten verstürzen, wenden und wattieren. Dasselbe gilt für Beine und Füße. Die Ohren mit Vlieseline verstärken, die bunten Innenohren applizieren, Ohren einzeln an die Kopfteile nähen. Die fertige Vorderfront und den Rücken an den Außenkanten verstürzen, dabei Arme und Beine mitfassen. Zum Schluß den Knopf im Rückenteil annähen.

Halb Spielzeug, halb „Nutztier" ist dieser weiche Bezug für die Wärmflasche!

Bunte Teddys und farbige Kanten schmücken diese weiche Decke, auf der das Baby strampeln, krabbeln und spielen kann.

Babydecke mit Teddys

Alle Kinder lieben Teddys, und diese Liebe fängt schon früh an – zum Beispiel mit dieser weich gepolsterten Decke, auf der sich bunte Teddys tummeln! Sie werden aus verschieden gemusterten Stoffresten zugeschnitten und mit der Maschine auf weißen Pikee appliziert. Die Decke ist 1,25 x 1,25 m groß und bestimmt ein ganz persönliches Geschenk zur Geburt: Dann kann das Baby gleich von der Klinik aus in Teddy-Begleitung nach Hause fahren!

→ Tip: Die auf der nächsten Seite aufgezeichneten Teddyfiguren kann man auch seitenverkehrt verwenden – dann tummeln sich auf der Decke viele verschiedene Teddys.

Das brauchen Sie: 1,25 x 1,40 m feinen weißen Baumwollpikee als Oberstoff, die gleiche Menge Baumwollstoff als Futter und Volumenvlies 280 als Einlage. Außerdem viele unterschiedlich gemusterte Baumwollstoff-Reste (für die Einfassung mindestens 24 cm breit); Haftvlies „Vliesofix“ (etwa 40 x 100 cm), Pergamentpapier, bunte Stickgarnreste und passendes Nähgarn.

So wird's gemacht: Zuerst die beiden Teddyfiguren auf Pergamentpapier durchzeichnen und ausschneiden. Ungefähr festlegen, wie viele Teddys aus welchen Stoffen zugeschnitten werden sollen. Dann auf die Rückseite dieser Stoffe Haftvlies bügeln, auf dessen Trägerpapier die Umrisse der Teddyfiguren (mal original, mal gegengleich) aufzeichnen und ausschneiden. Den Pikee 1,25 x 1,25 m groß zuschneiden, die Teddys probeweise darauf verteilen, dabei rundherum einen 12 cm breiten Rand freilassen. Wenn die Anordnung festliegt, nacheinander das Trägerpapier abziehen, die Figuren aufbügeln und mit schmalen, dichten Zickzackstichen aufkanteln. Augen und Nasen mit Bleistift leicht vorzeichnen und in Schwarz oder Dunkelbraun (bei sehr dunklen Stoffen in Weiß) im Plattstich aussticken. Bei einigen Teddys können Sie noch bunte Bänder oder Schleifen um den Hals sticken. Das Volumenvlies und den Futterstoff unter den Pikee heften. Die 24 cm breiten Stoffstreifen zu einem 5,20 m langen Streifen zusammensteppen und die Decke damit einfassen. Dabei die Ecken als Briefecken arbeiten.

Diese beiden Motive können Sie in Originalgröße als Vorlage nehmen.

Genähte Lieblingspuppen

Die erste Puppe für Babys sollte am besten aus Stoff und so richtig schön handlich sein. Hier sind zwei Modelle in unterschiedlicher Größe und Ausführung. Vielleicht fällt Ihnen auch noch eine weitere Variante ein! Die Schemazeichnung für die Puppen finden Sie auf der nächsten Seite.

→ Tip: Achten Sie darauf, daß das Füllmaterial waschbar ist, denn diese Stoffpuppen werden bestimmt ganz doll geliebt!

Das brauchen Sie: bunte Baumwollstoff-Reste, schmale Bänder und Spitzenborten, blauen Sticktwist, Füllwatte und einige Bogen Pergamentpapier.

So wird's gemacht: Die Puppenmotive auf Pergamentpapier durchzeichnen, die Schürze für die große Puppe auf einen extra Bogen. Die Schablonen an der markierten Halslinie auseinanderschneiden. Alle Teile mit 0,5 cm Nahtzugabe wie folgt zuschneiden: den Körper doppelt, Stoff rechts auf rechts liegend, den ganzen Kopf 1mal in einem anderen Muster (für die Rückseite = Haube), dann von der Kopf-Schablone das Haubenteil abschneiden und im gleichen Stoffmuster zuschneiden. Zuletzt das übrige Kopfteil für das Gesicht in einer entsprechenden Farbe. Alle Nähte von links schließen, d. h. erst das Haubenteil ans Gesicht, dann jeweils den Kopf an ein Körperteil nähen. Die Puppenhälften rechts auf rechts legen und rundherum zusammensteppen. Bei der kleinen Puppe unten, bei der großen in Rumpfhöhe einen Schlitz zum Wenden lassen. An den Rundungen die Nahtzugabe etwas einschneiden, das Teil wenden, ausstopfen und die Öffnung mit der Hand schließen. Die Augen in Blau im Plattstich aufsticken. Schmale, etwas eingekräuselte Spitze oder eine doppelte Faltenrüsche mit der Hand an der Haubenkante festnähen, Bänder unten an der Haube annähen und vorn zur Schleife binden und festnähen, damit sie nicht aufgehen kann. Als Hände kann man zusätzlich kleine Teile wie eine Kappe auf die Enden der Arme setzen und mit der Hand festnähen. Die Schürze zuschneiden, Nahtzugabe nach links umbiegen und knappkantig feststeppen. Unten und an den Seiten schmale Borte oder Spitze mitfassen. Die Schürze mit einigen Stichen auf der Puppe festnähen.

Diese weichen Stoffpuppen lassen sich ganz leicht aus Stoffresten nähen.

Die große Puppe können Sie per Fotokopierer um 50 % auf Originalgröße vergrößern.

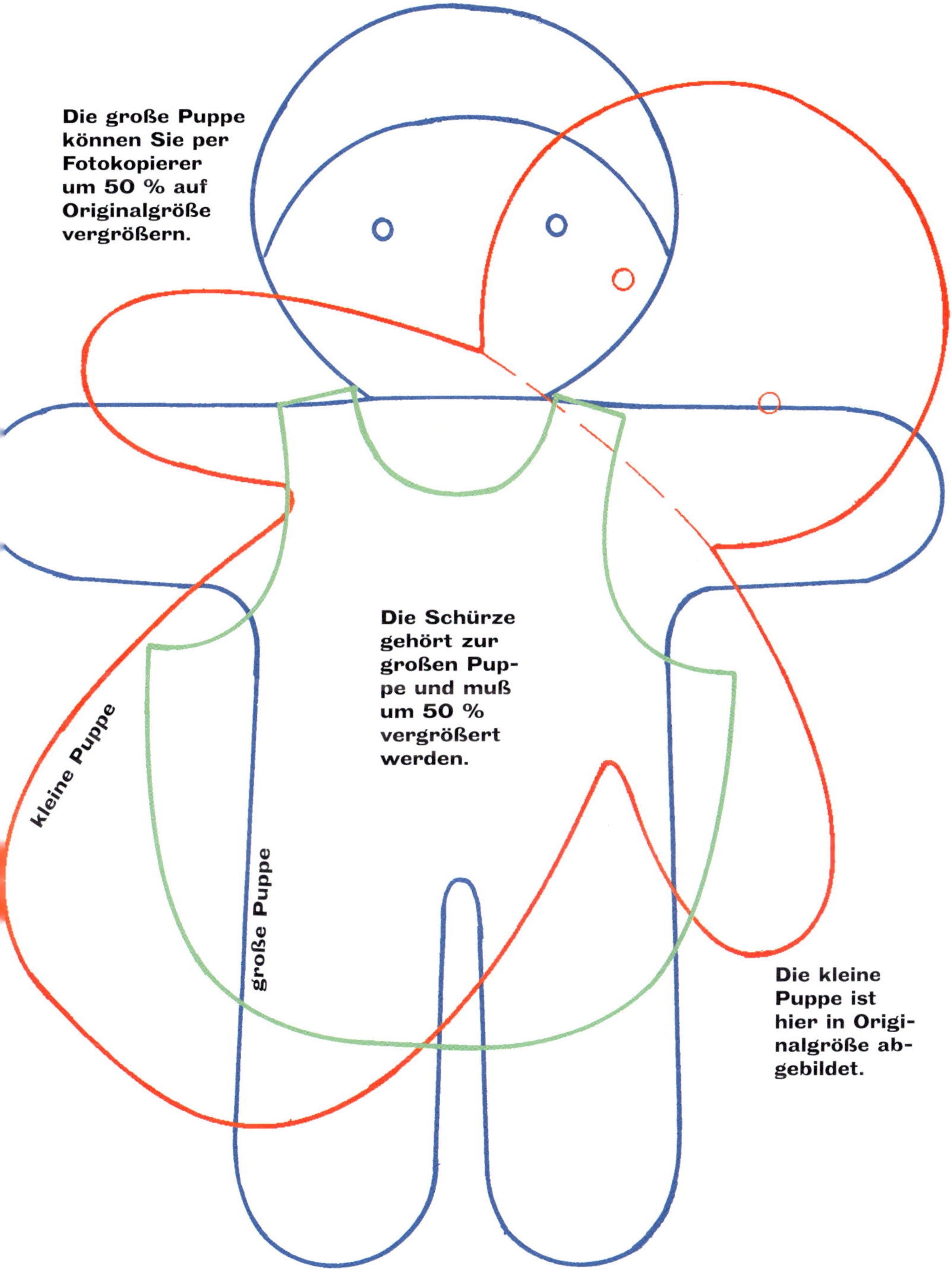

Die Schürze gehört zur großen Puppe und muß um 50 % vergrößert werden.

Die kleine Puppe ist hier in Originalgröße abgebildet.

Geburtstagsbild oder -kissen

Der Tag der Geburt und alle wichtigen Daten auf einen Blick: als Erinnerungsbild für die Wand oder als Kissen für den Babywagen – ein sehr persönliches Geschenk fürs ganze Leben. Vielleicht fällt Ihnen beim Nähen, Sticken und Applizieren auch noch das eine oder andere dazu ein: Platz ist genug auf so einem Geburtstagsbild!

→ Tip: Alle Motive finden Sie auf den nächsten Seiten in Originalgröße abgebildet. Wer will, kann sie auch beim Fotokopieren etwas vergrößern oder verkleinern.

Das Kissen ist ca. 40 x 40 cm groß, wird im Rücken geschlossen und hat breite, aufgenähte Ränder aus kariertem Stoff.

Das brauchen Sie: 1 m feines Leinen, 140 cm breit; 2 Knöpfe; Haftvlies „Vliesofix"; karierte und gestreifte Stoffreste, Pergamentpapier, Stickgarn.

So wird's gemacht: Das Oberkissen 46 x 46 cm groß zuschneiden, für das Unterkissen zwei Stücke 46 x 30 cm zuschneiden, jeweils an einer Seite 2 cm breit säumen und mit Ober- und Untertritt und zwei Knöpfen schließen. Zuerst die gewünschten Motive auf Pergamentpapier durchzeichnen und ausschneiden. Festlegen, wie viele Motive aus welchen Stoffen zugeschnitten werden und wie sie auf dem Oberkissen verteilt werden sollen. Auf die Rückseite dieser Stoffe Haftvlies bügeln, auf dessen Trägerpapier die Motive aufzeichnen und ausschneiden. An den Außenkanten des Kissens rundherum einen 6 cm breiten Rand freilassen! Wenn die Anordnung festliegt, nacheinander das Trägerpapier abziehen, die Motive aufbügeln und mit schmalen, dichten Zickzackstichen aufkanteln. Zahlen, Sternchen, Sonnenstrahlen und die anderen Details mit Bleistift leicht vorzeichnen und in verschiedenen Farben aufsticken. Vier karierte Randstreifen 6 cm breit und 40 cm lang zuschneiden. Vier blaue Quadrate (6 cm) für die Ecken zuschneiden. Die Quadrate übereck an die Karostreifen steppen, Nähte auseinanderbügeln. An den Innenkanten rechts auf rechts auf das Oberkissen steppen. Ober- und Unterkissen rechts auf rechts stecken und zusammennähen.

→ Tip: Bei einem Bild entfallen Unterkissen und Randgarnitur. Lassen Sie stattdessen das Leinen in einen Rahmen spannen.

Name, Datum, Gewicht, Geburtsstunde des Babys und alles, was sonst noch wichtig ist, wird auf diesem Geburtstagskissen verewigt.

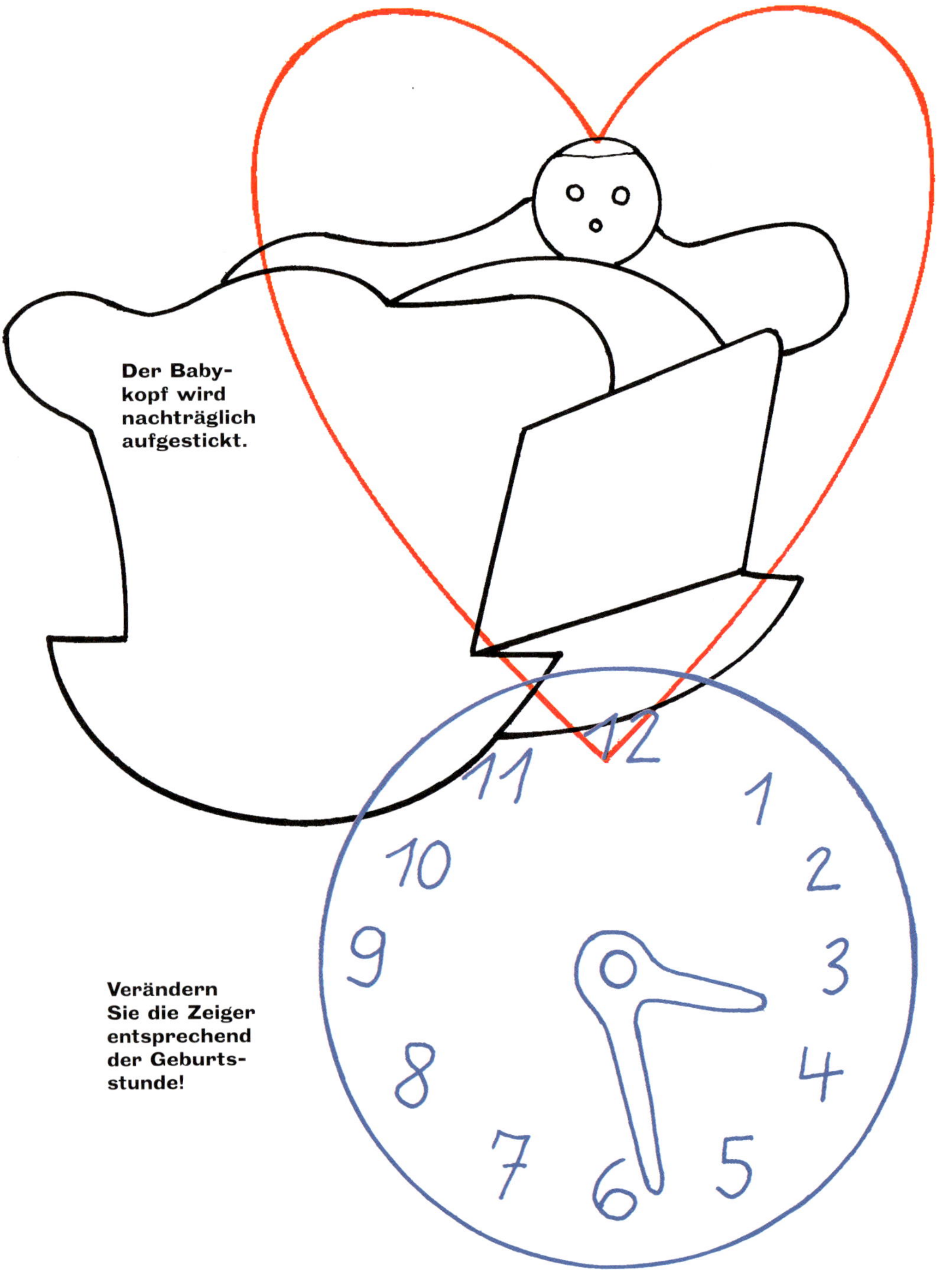

Der Babykopf wird nachträglich aufgestickt.

Verändern Sie die Zeiger entsprechend der Geburtsstunde!

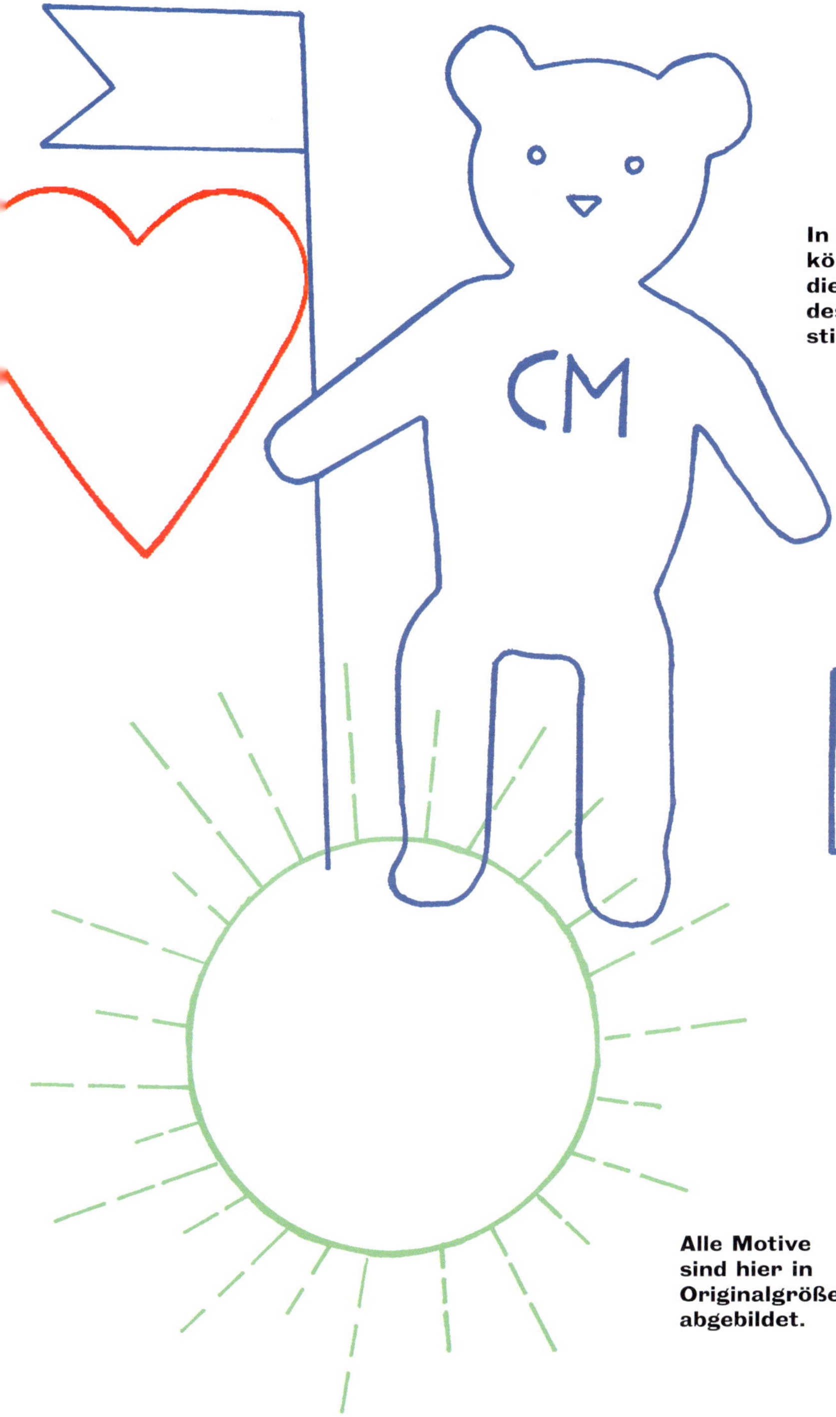

In die Fahne können Sie die Größe des Babys sticken.

Alle Motive sind hier in Originalgröße abgebildet.

Diese Tiere halten was aus!

Diese kleinen Stofftiere kann man greifen, liebhaben, knautschen – und waschen! Teddy, Ente, Schnecke und Fisch sind griffig weich gefüllt. Das ideale Spielzeug für Babys und ein schönes Geschenk für den Nachwuchs in Familie und Nachbarschaft. Die einzelnen Motive für diese Stofftiere finden Sie in Originalgröße auf den beiden nächsten Seiten.

→ Tip: Für diese kleinen Teile braucht man noch nicht einmal eine Nähmaschine! Vieles geht schneller mit der Hand – gut für alle, die noch nicht so viel Nähpraxis haben!

Das erste Spielzeug: schnell mit der Hand genäht aus bunten Stoffresten!

Das brauchen Sie: bunte Stoffreste, Füllwatte, Pergamentpapier zum Durchzeichnen.

So wird's gemacht: Die einzelnen Motive auf Pergamentpapier durchzeichnen und als Schablone ausschneiden. Stoffe rechts auf rechts legen, Schablone aufstecken und mit 0,5 cm Nahzugabe zuschneiden. An den Außenkanten rechts auf rechts bis auf eine Öffnung zum Wenden zusammennähen. Vorher an den Ecken und Rundungen die Nahtzugaben einknipsen. Beim Teddy an der unteren Kante ca. 7 cm offen lassen. Nach und nach Kopf, Arme und Beine nicht zu fest ausstopfen. Ohren und Beine so absteppen, daß sie plastisch wirken. Danach erst den Körper füllen, Öffnung mit der Hand verschließen. Schnecke und Fisch: Soll die Schnecke einen anders gemusterten Kopf oder der Fisch einen andersfarbigen Schwanz bekommen, müssen die Schablonen an den entsprechenden Stellen durchgeschnitten und die Schnitteile vor dem Verstürzen zusammengenäht werden. Für die Schneckenfühler zwei 5 cm lange Schrägstreifen mit der Hand zu dünnen Schläuchen drehen, beim Zusammennähen mitfassen. An der Mittelöffnung den Stoff 3 mm tief einknipsen, 0,5 cm breit nach innen biegen und heften. Teile wenden und die Mittelöffnung mit der Hand zunähen, dabei nach und nach mit Füllwatte ausstopfen. Beim Fisch Augen aufsticken oder aufnähen. Ente: Alle Schnitteile einzeln auf Pergamentpapier durchzeichnen und aus verschiedenen Stoffen doppelt zuschneiden (siehe oben). Schnabelteile an den Körper setzen, die Beine einzeln verstürzen, oben offen lassen und mit Watte füllen. Körperhälften bis auf eine Öffnung verstürzen, dabei die Beine mitfassen. Die Ente ausstopfen, Öffnung mit der Hand zunähen. Die Flügel ebenfalls verstürzen, ausstopfen und auf die Ente nähen. Augen im Plattstich aufsticken.

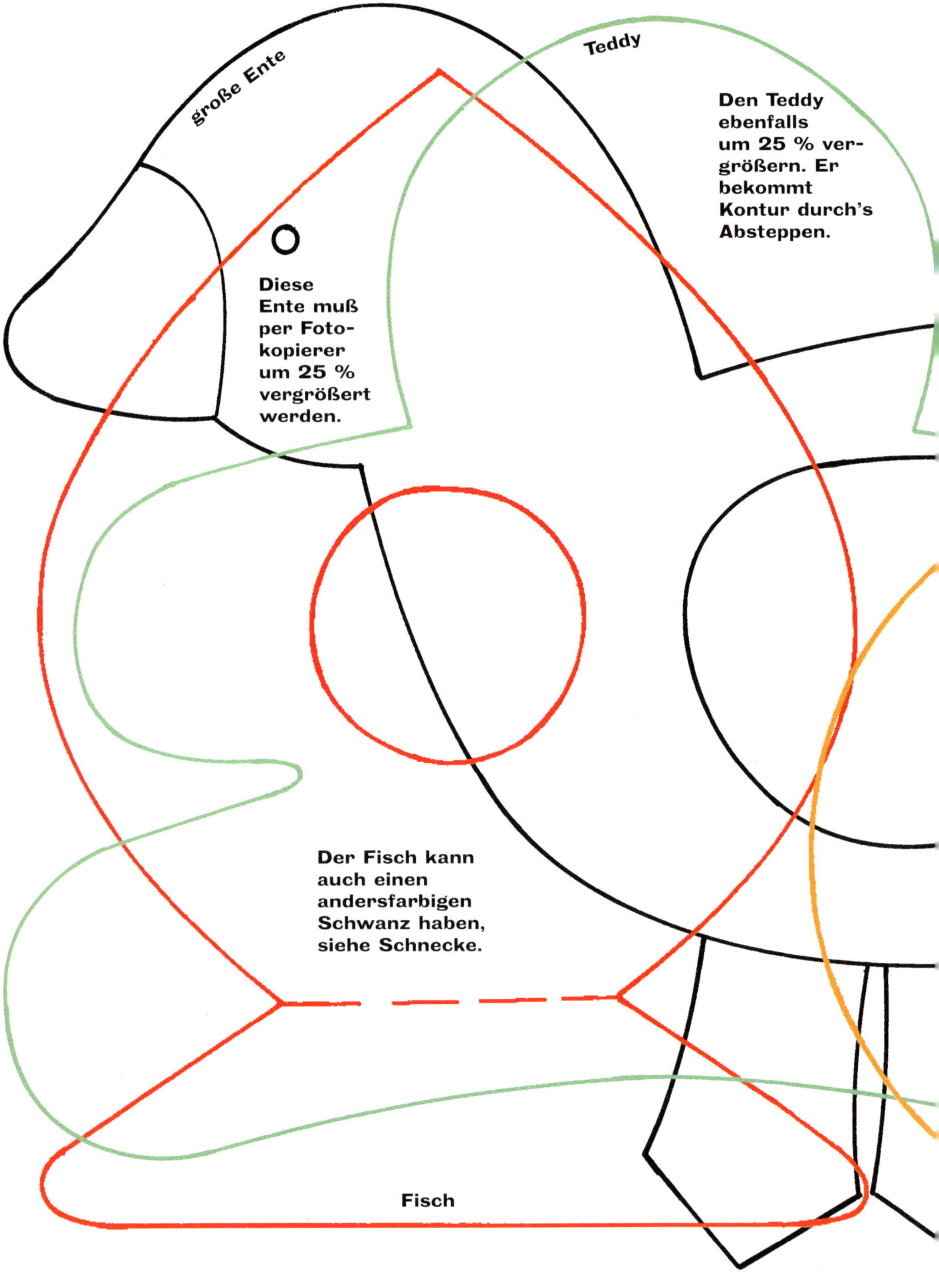
große Ente
Teddy
Den Teddy ebenfalls um 25 % vergrößern. Er bekommt Kontur durch's Absteppen.
Diese Ente muß per Fotokopierer um 25 % vergrößert werden.
Der Fisch kann auch einen andersfarbigen Schwanz haben, siehe Schnecke.
Fisch

kleine Ente
Die Schnecke nähen Sie am besten mit der Hand.
Schnecke

Baby-Ballerinas

Mit Paspel, Knopf und Riemen: Baby-Schühchen zum Verlieben! Entzückend aus allen Stoffresten, ob kariert oder geblümt. Ein hübsches Geschenk für jeden neuen Erdenbürger. Sie können gleich beginnen: Die originalgroßen Schemazeichnungen finden Sie auf der übernächsten Seite.

Das brauchen Sie: jeweils 0,20 m x 0,20 m Stoff, am besten mit unterschiedlichem Muster, 0,10 m x 0,10 m Vlieseinlage, 1,50 m Schrägstreifen und zwei Knöpfe oder Druckknöpfe.

So wird's gemacht: Kopieren Sie die Schnitteile auf Pergamentpapier. Schneiden Sie Fußteil und Sohle je zweimal aus unterschiedlichen Stoffen und dem Einlagevlies mit 1 cm Nahtzugabe zu. Legen Sie bei allen Teilen die Einlage zwischen die beiden Stoffe, und heften Sie alles locker zusammen. Schneiden Sie dann in den Fußteilen die Schnittlinie für die „Riemen" auf und fassen Sie die Kanten mit Schrägband ein. Am besten bügeln Sie das Schrägband in den Bruch, steppen es von rechts mit der Maschine auf und nähen es von innen mit der Hand gegen – denn die Teile sind doch sehr klein! Am rechten Riemchenende können Sie bei diesem Arbeitsgang gleich eine kleine Schlaufe für den Knopf anlegen, oder Sie sticken später dort ein Knopfloch ein. Danach werden die Fußteile an die Sohlen gesteppt und die Kanten rundherum mit Schrägband eingefaßt. Knopf annähen – fertig!

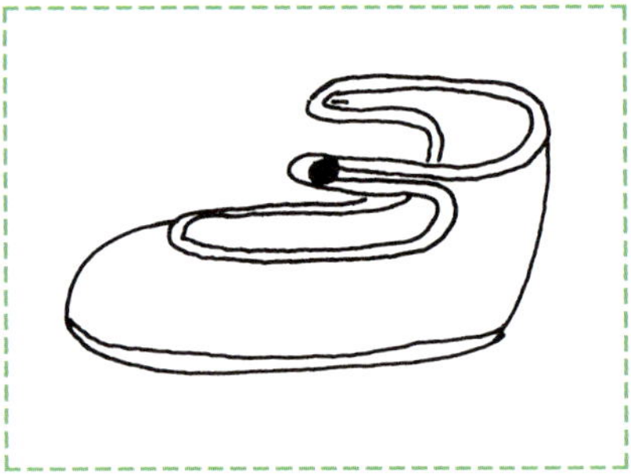

Diese zierlichen Schuhe erinnern an Ballerinas und sitzen sehr gut am Fuß.

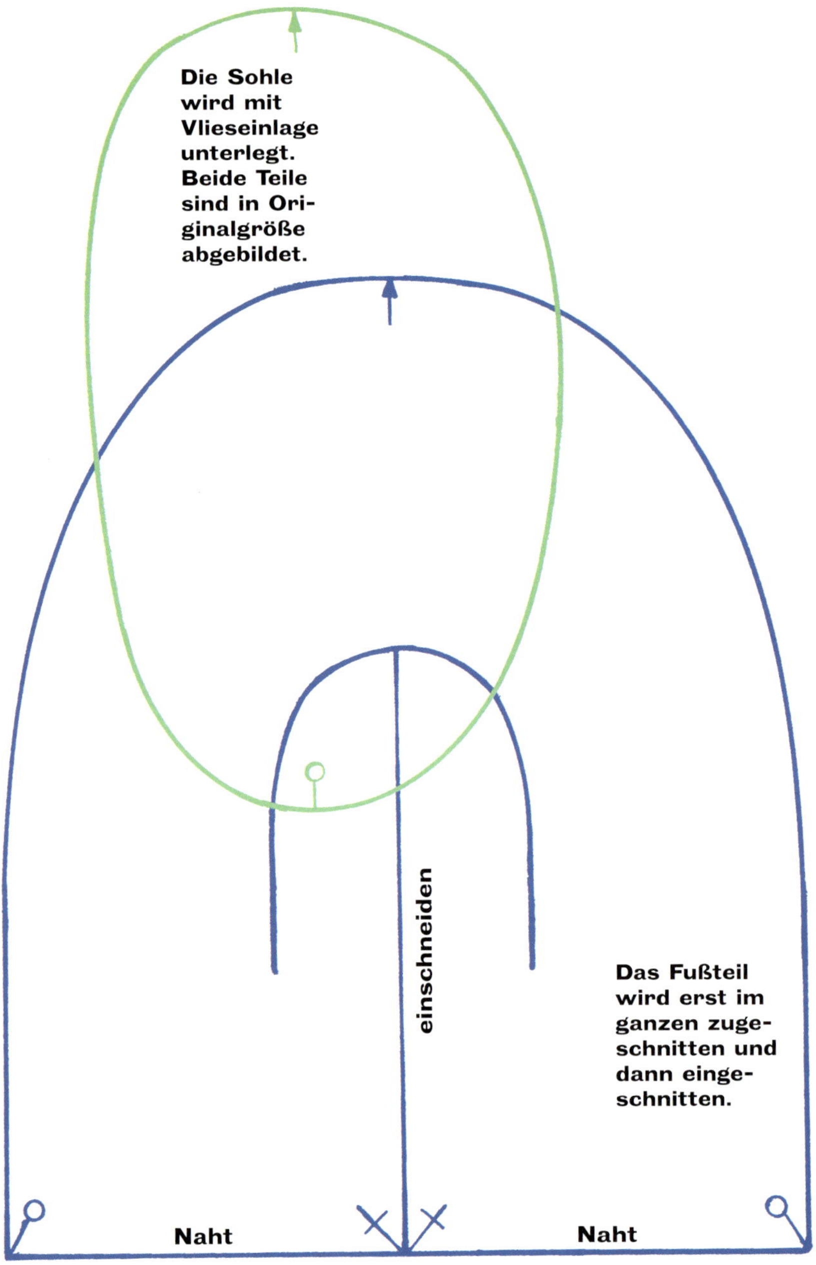
Die Sohle wird mit Vlieseinlage unterlegt. Beide Teile sind in Originalgröße abgebildet.
einschneiden
Das Fußteil wird erst im ganzen zugeschnitten und dann eingeschnitten.
Naht
Naht

Strick- oder Häkelschuhe

Acht verschiedene Vorschläge für niedliche Schühchen: vom fröhlichen Norwegersöckchen über gemütliche Chenille-Puschen bis zum eleganten gehäkelten Spangenschuh aus Angorawolle. Je nach Modell braucht man ein bis drei Stunden pro Paar und hat dann ein originelles Mitbringsel für Mutter und Neugeborenes. Meist reichen Wollreste aus.

Das brauchen Sie: Alles, was weich und nicht zu dick ist: Merino-, Docht-, Angora- und Mohairwolle – und sogar dünnes Chenillegarn! Für ein Paar Schühchen reichen 20 bis 50 g. Je nach Fadenstärke fallen die Schühchen etwas größer oder kleiner aus. Stricknadeln, Nadelspiel oder Häkelnadeln müssen natürlich zur Garnstärke passen.

So wird's gemacht: Alle Schuhe werden der Reihe nach einzeln beschrieben – nach der Numerierung auf dem Foto von Seite 134.

1 + 2

Puschen mit Patentmuster

Auf dem Foto (Seite 134) sind sie aus Chenillegarn und petrolfarbener Dochtwolle mit hellem Rand. Sie werden offen, also in Hin- und Rückreihen, gestrickt und später in der Sohlenmitte und hinten zusammengenäht. 16 M. anschlagen und kraus re. (Hinr. re., Rückr. re.) arbeiten. Dabei in der 2. R. 6 M. zunehmen, d. h. nach der 1., 3., 7., 9., 11. und 15. M. aus dem Querfaden der Vorr. 1 M. re. verschränkt herausstricken. Diese Zunahmen noch 4mal in jeder 2. R. an den gleichen Stellen wiederholen, also die M. stets über den zuvor zugenommenen M. herausstricken (46 M.). Dann 3 R. li. (Hinr. li., Rückr. re.) ohne Zunahmen arbeiten. Anschließend im Patentmuster insgesamt 10 R. stricken (1. Reihe: 1 Randm., * 1 Umschl, 1 M. wie zum Linksstrikken abheben, 1 M. re., ab * stets wiederholen, 1 Randm. 2.Reihe: 1 Randm., * 1 Umschl., 1 M. wie zum Linksstricken abheben, die folg. M. mit dem Umschl. der Vorr. re. zus.-stricken, ab * stets wiederholen, 1 Randm. Die 2. Reihe stets wiederholen. Dann 1 R. re. stricken. Dabei für das Fußblatt in der Mitte der R. 7 M. abnehmen, d. h. bei den mittl. 14 M. stets 2 M. re. zus.stricken. Noch 6 R. kraus re. arbeiten (evtl. die letzten 4 R. in einer anderen Farbe). Dabei noch 2mal in jeder 2. R. je 7 Maschen auf die gleiche Weise abnehmen. Die restlichen Maschen abketten. Die Sohlennaht und die rückw. Naht schließen.

Aus Wollresten lassen sich im Handumdrehen diese Schühchen stricken oder häkeln.

3

Schuhe mit angestrickten Strümpfen

Hierfür eher dünne Wolle verwenden (Lauflänge ca. 165 m / 50 g). Außerdem braucht man 2 kleine Knöpfe. Der Schuh wird an der Sohle begonnen. Dafür 61 M. mit 2 Nadeln eines Nadelspiels in der gewünschten Farbe anschlagen und in Hin- und

Rückr. 26 R. kraus re. (Hinr. re., Rückr. re.) stricken. Dann die M. auf 3 Nadeln verteilen (1. Nadel 25 M., 2. Nadel 11 M., 3. Nadel 25 M.) und nur mit den mittl. 11 M. 10 R. kraus re. arbeiten. Dabei am Ende jeder R. die letzte M. mit der 1. M. der angrenzenden Nadel re. zus.stricken. Anschließend für den Strumpf mit den mittl. 11 M. in einer anderen Farbe 12 R. im Rippenmuster (1 M. li., 1 M. re. im Wechsel) arbeiten. Dabei in den Hinr. die letzte M. mit der 1. M. der angrenzenden Nadel li. zus.stricken, in den Rückr. die letzte M. mit der 1. M. der angrenzenden Nadel re. zusammenstricken. Dann alle 39 M. auf 3 Nadeln des Nadelspiels verteilen und den Strumpf in Rd. im Rippenmuster gerade hocharbeiten. Dabei in der 1. Rd. an beliebiger Stelle 1 M. zunehmen (aus dem Querfaden der Vorrd. re. verschränkt herausstricken), damit das Muster aufgeht. In 13 cm Strumpfhöhe die M. locker abketten. Beim Schuh die rückw. und die Sohlennaht schließen, dabei an Ferse und Fußspitze die Naht etwas einkräuseln, damit sich eine runde Form ergibt. Auf die 6. Musterrippe (von der Sohlennaht gezählt) rundherum 1 R. fe. M. häkeln. Am Fußgelenk auf die letzte Rippe ebenfalls 1 R. fe. M., gleichzeitig an entsprechender Stelle für den Riegel 20 Lftm. arbeiten. Dann zurück (beginnend über der 8.letzten Luftm.) fe. M. häkeln. Beim zweiten Schuh den Riegel gegengleich arbeiten. Die Knöpfe annähen.

4

Söckchen mit eingestricktem Muster

Sie werden am besten aus dünner Wolle gestrickt. Mit einem Nadelspiel 44 M. (11 M. je Nadel) anschlagen und in Rd. nur re. stricken. Zunächst für den Rollrand 3 cm arbeiten. In der folgenden Rd. bei jeder Nadel die letzten 2 M. re. zus.stricken. Dann mit dem Einstricken des Musters beginnen, d. h. nach dem Schema den Rapport in der Rd. stets wiederholen. In der Höhe 3mal von der 1. – 14. Rd. arbeiten. Gleichzeitig in ca. 8,5 cm Gesamthöhe (in einer 5. Musterrd.) für die später zu strickende Ferse die 1. und 2. Nadel mit einem andersfarbigen Faden abstricken. Dann wieder bei der 1. Nadel beginnen und mit dem richtigen Faden wie gewohnt weiterarbeiten. In 14,5 cm Gesamthöhe mit den Abnahmen für die Spitze beginnen, d. h. bei der 1. und 3. Nadel die 1. M. abheben, die nächste M. stricken und die abgehobene M. darüberziehen, bei der 2. und 4. Nadel die letzten 2 M. re. zus.stricken. Diese Abnahmen noch 6mal in jeder 2. Rd. genauso wiederholen. Dann die restlichen 6 M. des Fußblattes mit den 6 M. der Sohle im Maschenstich verbinden. Nun den extra eingestrickten Faden Masche für Masche herausziehen und die dadurch entstehenden M. auf 4 Nadeln verteilt aufnehmen. Mit diesen 10 M. je Nadel die Ferse genauso arbeiten wie die Spitze.

Eingestricktes Muster

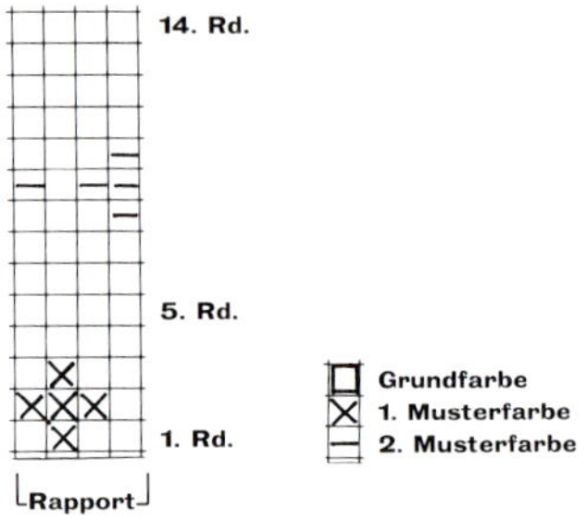

5

Gehäkelte Spangenschuhe

Sie werden aus sehr dünner Angorawolle mit doppeltem Faden gehäkelt. Man beginnt in der Sohlenmitte. Dafür 8 Lftm. anschlagen und in Runden hlb. Stb. arbeiten, d. h. auf jede Lftm.1 hlb. Stb., auf die letzte Lftm. 3 hlb. Stb. häkeln. Auf der anderen Seite der Lftm.-Kette zurück wieder auf jede Lftm. 1 hlb. Stb., auf die letzte Lftm. 3 hlb. Stb. häkeln.In der folgenden Rd. die 3 hlb. Stb. an den beiden Enden verdoppeln, also stets 2 hlb. Stb. auf 1 hlb. Stb.der Vorrd. arbeiten. In den nächsten 2 Rd. an den bisherigen Zunahmestellen gleichmäßig verteilt nochmals je 3 hlb. Stb. zunehmen, so daß eine flache Sohle entsteht. Noch 4 Rd. ohne Zunahmen arbeiten. Dann das Fußblatt in fe. M. häkeln, d.h. von der vord. Mitte aus 9 M. nach rechts gehen und an dieser Stelle beginnen. Zunächst 8 fe. M. auf je 1 M. der Vorrd. arbeiten, die folg. 3 M. mit 1 fe. M. zusammenhäkeln, weiter 8 fe. M. auf je 1 hlb. Stb. der Vorrd. arbeiten. Wenden, die 1. M. übergehen und zurückhäkeln. Dabei in der Mitte wieder 3 M. zusammenhäkeln. Am Ende wenden, 1 M. übergehen und zurückhäkeln. In diesem Prinzip weiterarbeiten und abnehmen, bis das Fußblatt gerade abschließt. Den Rand im Krebsstich (fe. Maschen von links nach rechts) umhäkeln. Gleichzeitig einen Riegel arbeiten, d. h. an einer Seite 3 Maschen vor dem Fußblatt 15 Lftm. häkeln, auf die 6.letzte und weiter bis zum Rand auf jede Lftm. 1 hlb. Stb. arbeiten. Dann im Krebsstich weiterhäkeln. Beim zweiten Schuh den Riegel gegengleich arbeiten. Zwei kleine Pompons anfertigen und aufnähen, die Knöpfe annähen.

6 + 7

Kraus-rechts-Stiefelchen

Das sind die einfachsten Schühchen auf dem Foto – und deshalb sind sie hier gleich zweimal abgebildet: oben links aus Mohairwolle und unten rechts aus dicker Sportwolle. Die Farben nach Belieben einsetzen. Die Stiefel werden ganz einfach als flaches Teil gestrickt und später vorn auf dem Fuß und an der Sohle zusammengenäht. Dafür 38 M. anschlagen und kraus re. (Hinreihen re., Rückreihen re.) stricken. In 5 cm Höhe beidseitig je 8 M. abketten, gerade weiterstricken. In 12 cm Gesamthöhe die M. abketten. Das Teil zur Hälfte zusammenlegen und die vordere und die Sohlennaht schließen. Die Öffnung an der Fußspitze mit einem Faden fest zusammenziehen.

8

Stiefelchen mit Kordel

Auf dem Foto sind sie in pistaziengrüner Dochtwolle zu sehen. Sie werden als flaches Teil gestrickt und später an der Sohle und hinten zusammengenäht. 46 M. anschlagen und 14 R. kraus re. (Hinr. re., Rückr. re.) arbeiten. In der nächsten Hinr. zunächst nur 19 M.stricken. Mit den folg. 8 M. das Fußblatt arbeiten, d. h. * 7 M. re. stricken, die folg. M. abheben, die nächste M. re. stricken und die abgehobene M. darüberziehen. Wenden, 7 M. li. zurückstricken, die nächsten 2 M. li. zus.stricken und wenden. Ab * noch 5mal wiederholen. Dann über alle Maschen 4,5 cm hoch glatt re. (Hinr. re., Rückr. li.), anschließend 1,5 cm li. (Hinr. li., Rückr. re.) arbeiten, die M. abketten. Die rückwärtige Naht und die Sohlennaht schließen. Bei der Sohlennaht die Maschen vorn und hinten am Fuß etwas einkräuseln, damit sich eine runde Form ergibt. Zwei 40 cm lange Kordeln drehen und in Knöchelhöhe einfach durch die M. ziehen.

Erst Taufkleid, dann Schürze

Größe 68 bis 80

Taufkleider sind wunderschön, haben aber den Nachteil, daß sie meistens nur einmal getragen werden. Das ist bei diesem anders: Es wird später ganz einfach zur Schürze, als Blickfang und Schutz über einfarbigen Kleidern. Eine gute Idee für ein Geschenk, das lange Freude macht!

Das Taufkleid besteht aus einer kleinen runden Passe (hinten geknöpft) und einem weiten angekrausten Rock. Festlich wird es durch den zarten Stoff und die üppige Rüschen- und Biesengarnitur. Hier ist es aus weißem Tupfenbatist. Für die Rüschen können Sie auch fertige Spitzenborten nehmen (s. Tip auf S. 141).

Dieses niedliche Flügelhemd aus transparentem Tupfenstoff ist ein schönes Taufkleid ...

Das brauchen Sie: 1 m duftigen Baumwollstoff, 140 cm breit; 2 kleine Knöpfe.

Schnitteile
Fig. 59 vord. Passe
Fig. 60 rückw. Passe
Fig. 61 vord. und rückw. Rockteil

Schnittlinie rot/Bogen B

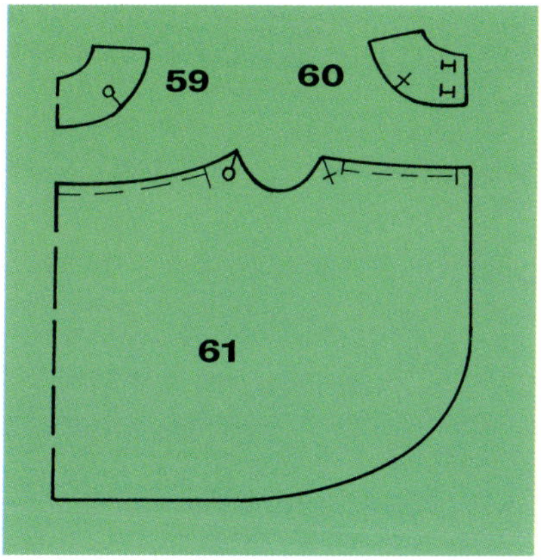

So wird's gemacht: Die Passen doppelt, den Rock in einem Stück zuschneiden. Alles mit 1 cm Nahtzugabe. Für die Schulterrüschen zwei Streifen 4 cm breit und 50 cm lang, für die Saum- und Rückenrüsche einen Streifen 4 cm breit und insgesamt 3,60 m lang (entsprechend zusammensetzen) zuschneiden. Die Schulternähte schließen, die Passen an Halsausschnitt und Rückenverschluß verstürzen und wenden. Die Rüschen an einer Seite säumen (0,5 cm breit umkippen, schmal steppen, Nahtzugabe knapp zurückschneiden, umkippen, nochmals steppen) und an der anderen Seite einkräuseln. Die Schulterrüschen zeichengemäß an die Außenpasse steppen, die lange Rüsche rund um den Rückenschlitz nähen, dann den Saum an den Rock nähen. Die Biesen 0,5 cm breit absteppen. Nahtzugaben von rechts knappkantig absteppen. Die Armausschnitte im Rock schmal säumen, die Oberkanten einkräuseln und an die Außenpasse setzen. Die Innenpasse darüberlegen, Nahtzugabe einkippen und feststecken. Von rechts knappkantig durchsteppen, dabei Halsausschnitt und Verschlußkante ebenfalls schmal absteppen. Knopflöcher einarbeiten und Knöpfe annähen.

... und wird später ohne jede Änderung zur duftigen Schürze.

→ Tip: Das rosafarbene Kleid können Sie nach dem Schnitt vom Strampelkleid auf S. 17 nähen: Es ist auch in Größe 80 auf dem Schnittbogen. (In diesem Fall ohne das Bindeband im Saum.) Die Ärmelkanten mit Festonspitze oder Paspelstreifen versäubern. Breite eingelegte Falten in den Ärmeln und über dem Rocksaum sorgen dafür, daß das Kleid lange mitwächst.

Das rosafarbene Kleid hat eine Passe, die hinten geknöpft wird, und einen runden Halsausschnitt. Die Ärmel sind oben üppig-weit angekraust und werden am Handgelenk mit Gummiband eingehalten.

Das brauchen Sie: 1 m Waschwolle oder angerauhten Baumwollstoff, 140 cm breit; 3 kleine Perlmuttknöpfe oder Druckknöpfe zum Einstanzen; 0,25 m schmales Gummiband; 1,70 m Festonspitze oder Paspelstreifen, 2,5 cm breit; farblich passende Taftreste.

Schnitteile

Fig. 13 vord. Passe
Fig. 14 rückw. Passe
Fig. 15 vord. und rückw. Rockteil
Fig. 16 Ärmel

Schnittlinie schwarz/Bogen A

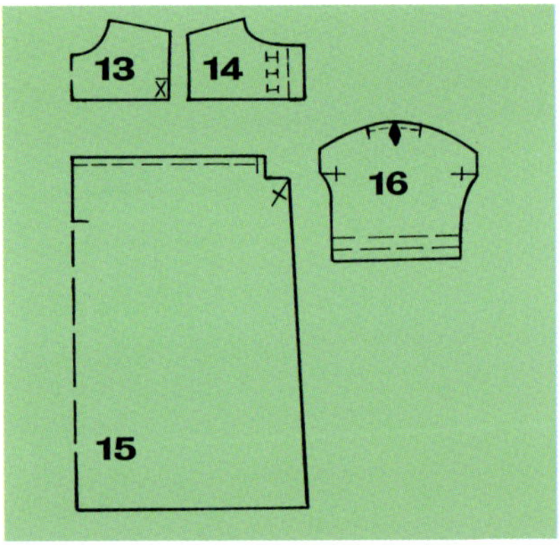

So wird's gemacht: Alle Teile mit 1 cm Nahtzugabe zuschneiden. Am Rock 4 cm für den Saum zugeben. Für den Rückenschlitz im Rock einen 4 cm breiten und 25 cm langen Streifen im geraden Fadenlauf, für den Halsausschnitt einen 2,5 cm breiten und 25 cm langen Schrägstreifen aus Taft, für die Tunnel an den Ärmeln zwei 3,5 cm breite und 20 cm lange Taftstreifen im geraden Fadenlauf zuschneiden. Den rückwärtigen Rockschlitz einschneiden und mit dem Schlitzstreifen 1 cm breit einfassen. Am Obertritt umbügeln, am Untertritt vorstehen lassen. Die Rockseiten-, die Schulter- und die Ärmelnähte bis + schließen. Die oberen Rockkanten auf Passenweite einkräuseln. Die unteren Passenkanten nahtbreit umbügeln und knappkantig auf die Rockteile steppen. Die seitlichen Passenkanten umbügeln, dabei die Nahtzugaben in den Ecken am Rock einschneiden. Die Armkugeln einkräuseln, unter die seitlichen Passenkanten schieben und knappkantig feststeppen. Die Belege in der rückwärtigen Passe umbügeln. Den Schrägstreifen in den Bruch bügeln und den Halsausschnitt damit versäubern. Von rechts knappkantig absteppen. Belegkanten feststeppen. Ärmelsäume nahtbreit umbügeln, die Festonspitze untersteppen. Nahtzugaben der Spitze einschlagen und absteppen. Die Taftstreifen für die Tunnel an beiden Seiten umbügeln und aufsteppen. Gummiband einziehen. Knopflöcher sticken und Knöpfe zeichengemäß annähen (oder Drucker einstanzen). Das Kleid säumen.

→ Tip: Nach dem Schnitt vom Taufkleid können Sie auch jede Menge Schürzenkleider aus unempfindlicheren oder bunt gemusterten Stoffen nähen. Wichtig ist nur, daß das Material nicht zu dick ist und daß es gut fällt.

Dieses kleingeblümte Schürzenkleid wurde nach dem Schnitt vom Taufkleid auf S. 139 genäht.

Technische Tips

Alle Sachen in diesem Buch sind leicht zu nähen – trotzdem brauchen Sie ein paar Grundkenntnisse.

→ Tip: Falls Sie zu den absoluten Anfängern gehören, bitten Sie eine Freundin mit guten Nähkenntnissen, Ihnen über die Schultern zu schauen. Oder nehmen Sie sich ein fertiges Modell (Jacke, Kleid oder Hose) als Anschauungsmaterial und versuchen Sie, anhand dieses Prototyps die einzelnen Nähschritte nachzuvollziehen.

→ Tip: Die Anleitungen sollten Sie auf jeden Fall einmal ganz durchlesen, bevor Sie mit dem Zuschneiden anfangen! Manchmal erläutert erst der Schluß, warum der Anfang nur so und nicht anders sein kann.

Von innen gut versäubern!

Da Baby- und Kleinkindsachen oft gewaschen werden, müssen sie auch von innen einwandfrei vernäht sein! Wir haben diesen Arbeitsgang in den Anleitungen nicht extra erwähnt, möchten hier aber noch einmal grundsätzlich darauf hinweisen. Sonst könnte es Ihnen passieren, daß die knappen Nahtzugaben in der Waschmaschine oder beim Schleudern ausfransen. Also: Alle Kanten und Nahtzugaben gründlich versäubern, entweder kanteln (dieses Programm haben nicht alle Nähmaschinen), mit Zickzackstichen abzackeln oder auch mit der Hand umstechen – klingt schlimmer, als es ist, denn die Teile sind ja wirklich nicht groß!

Was heißt „verstürzen"?

Dieses absolute Lieblingswort in unseren Anleitungen ist ein Kürzel für folgenden Nähvorgang: Bei doppelt zugeschnittenen Teilen (Kragen, Passen, in diesem Buch auch Wendejacken und -hosen) werden die Kanten rechts auf rechts (also rechte Stoffseite auf rechte Stoffseite) gesteckt und, wenn nicht anders angegeben, 1 cm von der Kante entfernt zusammengenäht. Danach die Nahtzugaben auf etwa 0,5 cm zurückschneiden: Bei Rundungen, die später nach außen zeigen (Kragen), die Nahtzugaben im Abstand von ca. 1 cm fast bis an die Naht einknipsen, bei Ecken und Spitzen möglichst schräg (und dicht bis an die Naht) abschneiden. Dann die Teile wenden, die Naht mit den Fingern so weit nach vorn schieben, daß sie genau in der Kantenlinie liegt, heften (oder mit Stecknadeln festhalten) und gut bügeln. Sie halten noch besser, wenn Sie sie knappkantig absteppen.

Und was ist „vord. M. Br.“?

Einige Hinweise fürs Zuschneiden sind in den Schnitten aus Platzgründen in stark verkürzter Form angegeben: Vord. M. Bruch oder vord. M. Br. oder v. M. Br. bedeuten dasselbe, nämlich: Die vordere Mitte wird ohne Naht zugeschnitten. D. h. der Stoff muß in den Bruch gelegt werden (also doppelt) und die Mitte des Schnitts wird direkt an die Bruchkante gelegt. Das gilt entsprechend für die rückwärtige Mitte Bruch (bzw. rück. M. Br. oder r. M. Br.)! Vordere Mitte Kante (oder vord. M. K. oder v. M. K.) sagen Ihnen, daß in diese Mitte eine Naht gelegt wird, z. B. für einen Verschluß. Die notwendigen Nahtzugaben stehen jeweils in den Nähanleitungen.

Abkürzungen bei Strickanleitungen

abh. = abheben
abn. = abnehmen
anschl. = anschlagen
Gesamth. = Gesamthöhe
li. M. = linke Masche
M. = Masche
R. = Reihe
re. M. = rechte Masche
re. verschr. = rechts verschränkt
Rd. = Runde
str. = stricken
Umschl. = Umschlag
zus.str. = zusammenstricken

Maßtabelle für Babys

Größe	56	62	68	74	80	86	92	98	104
Körpergröße	56	62	68	74	80	86	92	98	104
Oberweite	45	47	49	51	53	55	56	57	58
Taillenweite	45	47	49	51	53	54	55	56	57
Hüftweite	48	50	52	54	56	58	60	62	64

Brigitte-*Themen als* Brigitte-*Bücher*

Die neue Gymnastik
Von Iris Bader und
Christa Möller

Schön sein
Von Ingeborg Wittmann

Die neue Brigitte-Diät
Von Helga Haseltine und
Marlies Klosterfelde-Wentzel

Brigitte-Vollwert-Diät
Von Barbara Rias-Bucher

Richtig einkaufen – Gesund essen
Von Elisabeth Lange

Leichter essen
200 Gourmet-Rezepte
ganz ohne Cholesterin
Von Barbara Rias-Bucher

Fleischlos glücklich Neue Rezepte
Von Barbara Rias-Bucher

Kochen für Gäste
Von Inge Schiermann

Brigitte-Rezepte
Die 300 beliebtesten
Sammelrezepte aus Brigitte

So kocht Italien
Von Rotraud Degner

Chinesisch kochen
Von Buh-Yu Großmann

Kochen für zwei
Neuausgabe
Von Inge Schiermann

100 Fragen zum Schlaf
Von Petra Oelker

100 Fragen zur Sonne
Von Susanne Mersmann

100 Fragen zur Sexualität der Frau
Von Margaret Minker

100 Fragen zu Frauen & Beruf
Von Christine Tsolodimos

100 Fragen zum Frühgeborenen
Von Sabine König-Krist

Kinderfeste
Von Gisela Könemund

Kinder basteln
Von Gisela Könemund

Das machen wir alles zusammen
Von Gisela Könemund

Mode Klassiker selber nähen
Von Antje von der Heyde

Neues Nähen
Von Käthe Fischer und
Antje von der Heyde

Sticken
10 verschiedene Techniken
Wunderschöne Geschenke
Von Kathrin Behrens und
Ariane Heyduck

Alles für die Kleinen
Von Gundi Heine und
Jutta Barthel

Geschenke malen, sägen, schnitzen . . .
Von Renate Herzog

Brigitte Weihnachten
Von Barbara Rias-Bucher und
Traute Scardovelli

Heiraten
Das genaue Drehbuch für
das schönste Fest Ihres Lebens
Von Hannelore Krollpfeiffer

Oh Baby...
Das hatte ich mir ganz anders
vorgestellt. Erfahrungen von
Frauen beim ersten Kind.
Von Regine Schneider

Mensch, Papa!
Vater werden.
Das letzte Abenteuer
Von Kester Schlenz

Gegen alle Entfernungen
Von Anne Steinwart

Den Arm voller Blumen für euch
Gedichte

Weil es nichts Schöneres gibt
Liebesgedichte

Tränen ersatzlos gestrichen
Gedichte von Frauen

Nähe ganz nahe Nähe
Gedichte vom Leben zu zweit

Woher kommt die Hoffnung
Gedichte

Fällt ein kleines Blau vom Himmel
Gedichte

Mädchen
Ein Ratgeber für die Jahre
zwischen 12 und 16
Von Sabine Schwabenthan
und Vivian Weigert

Neue Mütter – Neue Töchter
Von Petra Oelker

Empfängnisverhütung
Von Angelika Blume

Wechseljahre
Von Sylvia Schneider

Was Frauen über Geld wissen sollten
Von Eva Dörpinghaus

Frauen machen sich selbständig
Von Erika Markmann

Frauen steigen wieder ein
Von Ute Ehrhardt
und Wilhelm Johnen

Mit eigenen Augen sehen
Selbstliebe lernen
Von Margaret Minker

Mit Leib und Seele gesund werden
Psychosomatische Hilfe
für Frauen
Von Margaret Minker

Selbstsicher reden
Ein Leitfaden für Frauen
Von Christiane Tillner
und Norbert Franck

Psycho-Spiele
Von Oskar Holzberg
und Claudia Clasen-Holzberg

Wege aus der Drogensucht
Berichte über Menschen,
die den Ausstieg geschafft haben
Von Linda Reichmann